Ezequiel y Daniel

Serie «Conozca su Biblia»

Ezequiel y Daniel

por Samuel Pagán

Augsburg Fortress

MINNEAPOLIS

SERIE CONOZCA SU BIBLIA: EZEQUIEL Y DANIEL

Todos los derechos reservados © 2010 Augsburg Fortress. Con excepción de una breve cita en artículos o análisis críticos, ninguna parte de este libro puede ser reproducida en ninguna manera sin antes obtener permiso por escrito del publicador o de quienes son dueños de los derechos de reproducción.
Este volumen es parte de un proyecto conjunto entre la casa editora, la División de Ministerios Congregacionales de la Iglesia Evangélica Luterana (ELCA) y la Asociación para la Educación Teológica Hispana (AETH), Justo L. González, Editor General.
Excepto cuando se indica lo contrario, el texto bíblico ha sido tomado de la versión Reina-Valera 1995. Copyright © Sociedades Bíblicas Unidas, 1995. Usado con permiso.

Diseño de la cubierta: Diana Running; Diseño de libro y portada: Element, llc

ISBN 978-0-8066-9686-7

El papel usado en esta publicación satisface los requisitos mínimos de la organización American National Standard for Information Sciences —Permanencia del Papel para Materiales Impresos, ANSI Z329.48-1984.

Producido en Estados Unidos de América.

SERIE CONOZCA SU BIBLIA: EZEQUIEL Y DANIEL

Copyright © 2010 Augsburg Fortress. All rights reserved. Except for brief quotations in critical articles or reviews, no part of this book may be reproduced in any manner without prior written permission from the publisher. Visit http://www.augsburgfortress.org/copyrights/contact.asp or write to Permissions, Augsburg Fortress, Box 1209, Minneapolis, MN 55440.
This volume developed in cooperation with the Division for Congregational Ministries of the Evangelical Lutheran Church in America, which provided a financial grant, and the Asociación para la Educación Teológica Hispana, Series Editor Justo L. González.
Except when otherwise indicated, scripture quotations are taken from the Reina-Valera 1995 version. Copyright © Sociedades Bíblicas Unidas, 1995. Used by permission.

Cover design: Diana Running; Book design: Element, llc

The paper used in this publication meets the minimum requirements of American National Standard for Information Sciences—Permanence of Paper for Printed Library Materials, ANSI Z329.48-1984.

Manufactured in the U.S.A.

Esta serie

«¿Cómo podré entender, si alguien no me enseña?» (Hechos 8.31). Con estas palabras el etíope le expresa a Felipe una dificultad muy común entre los creyentes. Se nos dice que leamos la Biblia, que la estudiemos, que hagamos de su lectura un hábito diario. Pero se nos dice poco que pueda ayudarnos a leerla, a amarla, a comprenderla. El propósito de esta serie es responder a esa necesidad. No pretendemos decirles a nuestros lectores «lo que la Biblia dice», como si ya entonces no fuese necesario leer la Biblia misma para recibir su mensaje. Al contrario, lo que esperamos lograr es que la Biblia sea más leíble, más inteligible para el creyente típico, de modo que pueda leerla con mayor gusto, comprensión y fidelidad a su mensaje. Como el etíope, nuestro pueblo de habla hispana pide que se le enseñe, que se le explique, que se le invite a pensar y a creer. Y eso es precisamente lo que esta serie busca.

Por ello, nuestra primera advertencia, estimado lector o lectora, es que al leer esta serie tenga usted su Biblia a la mano, que la lea a la par de leer estos libros, para que su mensaje y su poder se le hagan manifiestos. No piense en modo alguno que estos libros substituyen o pretenden substituir al texto sagrado mismo. La meta no es que usted lea estos libros, sino que lea la Biblia con nueva y más profunda comprensión.

Por otra parte, la Biblia —como cualquier texto, situación o acontecimiento— se interpreta siempre dentro de un contexto. La Biblia responde a las preguntas que le hacemos, y esas preguntas dependen en buena medida de quiénes somos, cuáles son nuestras inquietudes, nuestras dificultades, nuestros sueños. Por ello, estos libros escritos en nuestra lengua, por personas que se han formado en nuestra cultura y la conocen. Gracias a Dios, durante los últimos veinte años ha surgido dentro de nuestra comunidad latina todo un cuerpo de eruditos, estudiosos de la Biblia, que no tiene nada que envidiarle a ninguna otra cultura o tradición. Tales son las personas a quienes hemos invitado a escribir para esta serie. Son personas con amplia experiencia pastoral y docente, que escriben para que se les entienda, y no para ofuscar. Son personas que a través de los años han ido descubriendo las dificultades en que algunos creyentes y estudiantes tropiezan al estudiar la Biblia —particularmente los creyentes y estudiantes latinos. Son personas que se han dedicado a buscar modos de superar esas dificultades y de facilitar el aprendizaje. Son personas que escriben, no para mostrar cuánto saben, sino para iluminar el texto sagrado y ayudarnos a todos a seguirlo.

Por tanto, este servidor, así como todos los colegas que colaboran en esta serie, le invitamos a que, junto a nosotros y desde la perspectiva latina que tenemos en común, se acerque usted a estos libros en oración, sabiendo que la oración de fe siempre recibirá respuesta.

Justo L. González
Editor General
Julio de 2005

Contenido

Esta serie   v

I. Ezequiel: Un profeta extraordinario   1

  Introducción   1

    a. Persona, estilo y ministerio
    b. El libro
    c. Contexto histórico
    d. La teología
       i. El Señorío de Dios
       ii. La santidad divina
       iii. Reclamos éticos y cúlticos
       iv. Responsabilidad personal
       v. Pecado humano y misericordia divina
       vi. El Mesías
    e. El libro de Ezequiel en el judaísmo y las iglesias
    f. Contextualización y aplicaciones del mensaje de Ezequiel
    g. Contenido y estructura
    Bibliografía

1. Mensajes contra Judá y Jerusalén (1.1–24.27)   26

    a. Llamado al ministerio profético (1.1–3.27)
    b. Acciones simbólicas y oráculos (4.1–7.27)
    c. La visión del fin del Templo (8.1–11.25)
    d. Condenación del pueblo y sus dirigentes (12.1–14.25)
    e. Metáforas del juicio divino (15.1–19.14)
    f. Mensajes de juicio contra Israel y Jerusalén (20.1–24.27)

2. Oráculos contra las naciones extranjeras (25.1–32.32)   75
   a. Oráculos contra las naciones pequeñas (25.1-17)
   b. Oráculos contra Tiro (26.1–28.19)
   c. Oráculo contra Sidón (28.20-26)
   d. Oráculos contra Egipto (29.1–32.32)

3. Oráculos de restauración (33.1–39.29)   90
   a. Segunda misión del profeta (33.1-33)
   b. El buen pastor y sus ovejas (34.1-31)
   c. Las montañas de Israel (35.1–36.15)
   d. Sanidad y restauración de Israel (36.16-38)
   e. Restauración del pueblo de Israel (37.1-28)
   f. La visión de Gog (38.1–39.29)

4. El nuevo Templo y el culto nuevo (40.1–48.35)   106
   a. La descripción del nuevo Templo (40.1–43.22)
   b. Normas sobre el culto (43.23–46.24)
   c. Visión del río del Templo (47.1-12)
   d. Las fronteras del nuevo país (47.13–48.35)

II. Daniel: Un hombre de visión   119
Introducción   119
   a. Daniel, sabio y vidente
   b. El libro de Daniel
   c. Naturaleza de la obra
   d. Contextos
      i. Históricos
      ii. Canónicos
      iii. Eclesiásticos
   e. Secciones deuterocanónicas o apócrifas
   f. Mensaje de Daniel
   g. Teología de la obra

Contenido

    h. Interpretaciones del libro
    i. Estructura del libro
    Bibliografía

1. Daniel 1.1–6.28   137
    a. Daniel y sus amigos en Babilonia (1.1-21)
    b. Daniel interpreta el sueño de Nabucodonosor (2.1-49)
    c. El horno de fuego (3.1-30)
    d. La locura de Nabucodonosor (4.1-37)
    e. La escritura en la pared (5.1-31)
    f. Daniel en el foso de los leones (6.1-28)

2. Daniel 7.1–12.13   160
    a. Visión de las cuatro bestias: 7.1-28
    b. Visión del carnero y el macho cabrío: 8.1-27
    c. Profecía de las setenta semanas: 9.1-27
    d. Visión de Daniel junto al río: 10.1–12.13
    e. Adiciones deuterocanónicas o apócrifas a Daniel: 13.1–14.42

Dedico este libro a tres mujeres extraordinarias:
A mi abuela, Consuelo, mujer de fe...
A mi mamá, Ida Luz, mujer de esperanza...
Y a mi esposa, Nohemí, mujer de amor...
Al amparo y en diálogo con estas tres mujeres es que mi teología y ministerio se han nutrido y desarrollado.
¡Muchas gracias!

Capítulo 1
Ezequiel: Un profeta extraordinario

Introducción

a. Persona, estilo y ministerio

El profeta Ezequiel, cuyo nombre significa «Dios fortalece» o «Dios es fuerte», se identifica en el libro como hijo de Buzi (Ez 1.3). Esa sencilla referencia bíblica relaciona al profeta directamente con el sacerdocio zadoquita, cuya influencia óptima en el pueblo se hizo patente en el período de las reformas de Josías (621 a. C.). Adiestrado en las importantes e históricas tradiciones sacerdotales durante el reinado de Joaquín, en el año 597 a. C., Ezequiel fue deportado a Babilonia, donde se estableció en la antigua ciudad de Tel Aviv, junto a otros deportados, en las riberas del río Quebar, muy cerca de Nipur (Ez 1.1).

Ezequiel era parte de un grupo de unos 8,000 deportados que fueron llevados por Nabucodonosor a Babilonia tras el sitio, la caída y la conquista de la ciudad de Jerusalén (2 R 24.16). Según una leyenda de muy poco fundamento y valor histórico, la tumba del profeta se encuentra en la ciudad de Hilla, en el centro de la actual Iraq.

Su ministerio profético coincidió por un breve período con el de Jeremías. Ambos líderes presentaron con autoridad y sabiduría la palabra divina y el mensaje restaurador al pueblo en un momento de grandes desafíos políticos, sociales, económicos, religiosos y espirituales. Al igual que Jeremías, el profeta Ezequiel se opuso tenaz y firmemente a los planes de Sedecías de derrocar al gobierno babilónico invasor.

Según el testimonio bíblico, el llamado divino al profeta llegó durante el quinto año del reinado de Joaquín (c. 593 a. C.), mientras se encontraba entre los exiliados de Judá que estaban en Babilonia. Y como la última fecha de intervención profética que se incluye en el libro (29.17) corresponde posiblemente al año 571 a. C., podemos indicar con algún nivel de certeza que el ministerio de Ezequiel se extendió por un poco más de veinte años. La muerte de su esposa se produce el día que comenzó el sitio de los ejércitos babilónicos a la ciudad de Jerusalén (587 a. C.; véase Ez 24.15-17). No se sabe la edad precisa del profeta al comienzo de su ministerio.

En su ministerio, Ezequiel se opuso intensamente a las aspiraciones políticas y a los programas sociales y de restauración de la clase gobernante en Jerusalén después del exilio. En su lugar, sin embargo, propuso una visión más teológica y espiritual del pueblo de Israel como una comunidad de fe y esperanza que se fundamenta en la observancia de las tradiciones religiosas del pueblo y en la obediencia y fidelidad al Señor. Su acercamiento al futuro restaurado de la comunidad judía superaba las dinámicas inmediatas de dependencia o independencia política y militar de Babilonia. La fuerza principal que guiaba el ministerio de este profeta era su profunda fe y confianza en el Señor, y también las implicaciones sociales, económicas y políticas de sus convicciones religiosas y espirituales.

Por mucho tiempo, algunos especialistas y estudiosos de la obra literaria de Ezequiel manifestaron ciertas preocupaciones en torno a la salud mental y el equilibrio psicológico del profeta. De particular importancia en este tipo de evaluación crítica son las visiones, el simbolismo y algunos de los mensajes que se incluyen en el libro, y también una serie de acciones extrañas que pueden interpretarse, de primera instancia, como carentes de sentido, o inclusive como demostraciones claras de fragilidad emocional. No es una buena metodología, sin embargo, fundamentar un análisis psicológico tan complejo en documentos de hace más de 2,500 años, en los cuales no se pueden distinguir con claridad meridiana las contribuciones específicas del profeta en los procesos de redacción y edición final.

Según los análisis exegéticos y teológicos recientes de la obra de Ezequiel, más sobrios y sosegados, las supuestas «aberraciones psicopatológicas» del profeta son realmente revelaciones y mensajes que se fundamentan en antiguas formas de comunicación profética. El profeta trata de comunicar lo inefable, sublime y extraordinario de la revelación divina. ¡Y ante la grandeza divina las palabras humanas faltan!

En torno a este importante asunto literario y emocional, se puede indicar, solo como ejemplo, que las expresiones y alusiones a «la mano del Señor» o «el espíritu del Señor» se relacionan con el ministerio de profetas preclásicos como Elías y Eliseo. Lo mismo puede indicarse del uso de la simbología en la presentación del mensaje profético: son fórmulas de comunicación religiosa que se utilizaban con cierta regularidad en la antigüedad, no síntomas de enfermedad mental ni señales de patología emocional. Ezequiel era un predicador creativo que comunicó su mensaje utilizando las expresiones de comunicación profética y sacerdotal tradicionales de su pueblo.

Un aspecto de fundamental importancia literaria, teológica y psicológica en el análisis de la obra de Ezequiel es el uso reiterativo del pronombre «yo», en el cual se unen y confunden la voz divina y la del profeta. Ese interesante estilo literario pone en evidencia y subraya la importancia de la palabra del Señor en el ministerio del profeta, y manifiesta la intimidad entre el predicador exiliado y su Dios. Es un medio elocuente para indicar que la palabra divina inundó al profeta a tal grado que la voz del Señor se funde y confunde con la predicación profética. La unión del «yo» divino con el «yo» humano señala la continuidad teológica entre la voluntad divina y el mensaje de Ezequiel.

Sin embargo, aunque Ezequiel utilizó con sabiduría las tradiciones proféticas y sacerdotales del pueblo, también incorporó en su estilo de comunicación algunas expresiones literarias y teológicas propiamente suyas. Frases proféticas como las que se incluyen a continuación revelan no solo la creatividad teológica y las virtudes literarias del predicador exiliado, sino también su gran capacidad de comunicación religiosa y su compromiso firme con la palabra divina. Estas fórmulas son particularmente de Ezequiel: «hijo de hombre», «así sabrán que yo soy el Señor», «coloca tu rostro contra» y «yo, el Señor, he hablado».

El estudio detallado de la obra profética de Ezequiel revela que esas expresiones particulares, unidas al estilo de narración en primera persona singular, le brindan a su mensaje no solo una forma homogénea y singular de comunicación, sino también un gran poder de afirmación espiritual. Sus mensajes están cargados de acción e imágenes visuales, como revelan los verbos utilizados en sus oráculos, la reiteración de temas mediante la repetición de verbos y frases, y el uso extenso y continuo de imágenes y alegorías.

Entre las técnicas de comunicación que le brindan a Ezequiel efectividad profética se encuentran las siguientes: la construcción de ideas en formas poéticas dispuestas en paralelos temáticos; la redacción de los mensajes a manera de espiral, donde las ideas se transmiten de forma paulatina hacia niveles más intensos y complejos; y la transmisión de los mensajes proféticos en binomios, donde el primer tema del mensaje se elabora en la segunda parte del oráculo.

Estas características literarias y la continuidad temática en el libro revelan que la obra responde principalmente a las ideas y la personalidad del profeta como autor principal. El libro el profeta Ezequiel no es tanto el resultado de la elaboración continua y larga de una «escuela profética», o el trabajo de un grupo de discípulos que trabajaban en la edición y redacción final de los mensajes del maestro, sino el fruto básico del propio autor. A esa fuerza literaria principal de Ezequiel se unieron algunos redactores y editores secundarios que tomaron las contribuciones fundamentales del profeta y las llevaron a su forma literaria actual.

El libro de Ezequiel muestra una serie de referencias que ponen de relieve las formas de comunicación orales originales. Ese estilo de comunicación se presenta claramente en las dramatizaciones, en la presentación de sus oráculos y en las alusiones concretas a momentos críticos en la historia nacional, especialmente en torno a la ciudad de Jerusalén.

La siguiente tabla identifica cómo el profeta se presenta a sí mismo en algunas secciones de su libro.

Imagen	*Referencias bíblicas en Ezequiel*
Mensajero del Señor	1.1-28a; 1.28b–3.15
Atalaya	3.16-21; 6.1-14; 7.1-27; 33.1-9
Profeta verdadero	12.21-28; 13.1-23; 14.1-11; 22.23-31
Mensaje encarnado	3.22-27; 24.15-27; 33.21-22; 33.30-33
Visionario	8.1–10.22; 11.22-25; 43.1-14
Dramático	4.1–5.17; 12.1-20; 21.23-32; 37.15-28
Predicador en parábolas	17.1-24; 19.1-14; 18.1-32; 24.1-14; 33.10-20; 33.23-29

Ezequiel: Un profeta extraordinario

Hombre de debates	11.1-13; 11.14-21; 18.1-32; 24.1-14; 33.10-20; 33.23-29
Acusador	14.12–15.8; 16.1-63; 20.1-44; 22.1-16; 23.1-49
Juez de las naciones	25.1-17; 26.1-21; 27.1-36; 28.20-23; 30.1-19; 32.17-32
Conciencia de reyes	28.1-10; 28.11-19; 29.1-16; 29.17-21; 30.20-26; 31.1-18; 32.1-16
Pastor	34.1-31
Heraldo	6.8-10; 11.14-21; 16.60-63; 28.24-26; 35.1–36.15; 36.16-38; 37.1-14
Apocalíptico	38.1–39.29
Nuevo Moisés	40.1–48.35

La obra de Ezequiel revela que poseía una gran afinidad teológica con otro líder religioso de la época: el profeta Jeremías. Esa particular relación temática y literaria se manifiesta al estudiar cuidadosamente las importantes narraciones biográficas y autobiográficas en el libro del profeta de Anatot, redactadas principalmente en prosa (Jer 21–45). La continuidad teológica y espiritual entre estos dos profetas (véase Jer 1–20) se ve en los siguientes temas: la caracterización de las comunidades de Judá e Israel como hermanas (Ez 3.6-11); el llamado al profeta a resistir las adversidades como muralla fortificada (Ez 1.18); el rechazo absoluto a la profecía falsa y engañosa (Ez 14.14); y el llamado divino a no tener duelo público ante la muerte de un ser querido (Ez 3.8; 12.24; 16.1-43; 24.16).

La relación entre estos paladines de la fe bíblica se revela aun más claramente en el tema de la responsabilidad personal de los individuos ante Dios (Jer 31.29-30 y Ez 18.2; ¡ambos profetas citan el mismo proverbio!), y también en la elaboración de la teología de la gracia, dónde se indica que Dios desea restaurar el pacto con el pueblo de una forma novel y extraordinaria (Jer 31.31-34 y Ez 36.26). Algunos estudiosos piensan que es probable que Ezequiel estuviera familiarizado con varios de los mensajes de Jeremías.

La relación de Ezequiel con otras secciones de las Escrituras no puede subestimarse o ignorarse. Se debe notar particularmente la continuidad teológica entre Ezequiel y el llamado «Código de Santidad» (Lev 17–26).

Los académicos que estudian este importante documento sacerdotal lo ubican generalmente en la época inmediatamente previa al exilio en Babilonia. Para ello se basan en que el vocabulario utilizado en el famoso código es muy similar al que se manifiesta en las profecías de Ezequiel. Además, muchas de las leyes y los estatutos que el profeta cita, o a los cuales alude, se encuentran en esa sección del libro de Levítico —específicamente las referencias a las bendiciones y las maldiciones (Lev 26).

A través de la historia la valoración teológica del libro de Ezequiel ha variado. La descripción de la primera visión del profeta (Ez 1) inquietó a un grupo importante de rabinos, pues daba paso a una serie de especulaciones acerca de que no producían resultados teológicos sanos. Ese capítulo inicial de la obra, según algunos documentos judíos antiguos, fue excluido de la lectura en las sinagogas y del estudio en las escuelas rabínicas, por ser muy crítico contra el pueblo de Israel —aunque posteriormente se permitió su lectura el primer día de la fiesta de Pentecostés. Más tarde algunos maestros judíos prohibían la lectura de varios capítulos (p.ej., Ez 16) porque podían favorecer a las iglesias cristianas y a sus líderes.

b. El libro

La lectura sobria del libro de Ezequiel plantea una serie de problemas y dificultades que no se manifiestan en el resto de la literatura profética. La abundancia de géneros literarios, de estilos de comunicación y de imágenes poéticas no solo revela una gran imaginación y creatividad, sino que presenta a quien lee y estudia el mensaje de Ezequiel un desafío formidable. Junto a los oráculos proféticos hay fórmulas jurídicas, tanto en poesía como en prosa, y se incorporan también descripciones históricas específicas, alusiones a las ideas y la imaginación del mundo antiguo, y se articulan evaluaciones políticas y religiosas sobrias, a la par que se presentan visiones fantásticas y extraordinarias de la vida, llenas de dramatismo y acción.

La fusión de todos esos géneros, estilos e imágenes hace que la obra del profeta Ezequiel genere una gran dificultad interpretativa y les presente a quienes estudian e interpretan su mensaje un reto extraordinario de actualización y contextualización. Aunque la organización, el orden y la estructura temática del libro no presentan dificultades mayores, sus complejidades literarias y su densidad teológica hacen de él un libro único.

Ezequiel: Un profeta extraordinario

En el orden canónico tradicional, tanto judío como cristiano, el libro de Ezequiel ocupa el tercer lugar en la sección de los profetas —luego de Isaías y Jeremías, que son los grandes profetas de la Biblia, y antes del libro de los Doce, también conocido como los Profetas Menores. Este orden, que posiblemente tiene un fundamento cronológico, no es la única posibilidad canónica, pues el Talmud alude a una ordenación más antigua en la cual Jeremías es el primero, seguido por Ezequiel y al final Isaías. La base de este arreglo diferente de los libros es posiblemente teológica: Jeremías comienza con el juicio, Ezequiel es mitad juicio (Ez 1-24) y mitad esperanza (Ez 25-48) e Isaías destaca los temas de la consolación y la esperanza.

Este orden temático del libro y su estructura literaria revelan una clara intención del autor y los redactores finales de la obra. Posiblemente, Ezequiel debe ser considerado como un profeta de transición, pues mueve la profecía bíblica de los antiguos modelos clásicos a un nuevo nivel que incorpora las tradiciones y estilos sacerdotales. Al profeta le tocó vivir un período político, unas dinámicas sociales, unas vivencias religiosas y un momento histórico complejos. Experimentó el desgaste paulatino del reino del sur, la crisis de la guerra en Jerusalén y la desolación en los campos de refugiados en Babilonia.

Ezequiel profetizó en un período lleno de cambios intensos y de transiciones rápidas que requirieron que la comunicación del mensaje profético se ajustara a las nuevas realidades y necesidades nacionales. Por esa razón, este libro profético rompe con los patrones tradicionales de comunicación de la profecía bíblica: nuevas realidades sociopolíticas en el pueblo requerirían nuevas formas de comunicación proféticas. Se aleja Ezequiel de varias fórmulas antiguas de comunicación proféticas para incorporar estilos que fomenten el retorno a la voluntad de Dios e incentiven las prácticas de la fe mediante la celebración del culto renovado y a través de la observancia de la Ley y de la fidelidad a Dios. Quizá estas sean las razones más importantes para identificar al profeta Ezequiel como el padre del judaísmo moderno.

En la historia de la interpretación del libro de Ezequiel se pueden identificar varios momentos de importancia. En primer lugar, hasta comienzos del siglo 20, el libro se consideraba uno de los de mayor unidad literaria y coherencia teológica del Antiguo Testamento. Posteriormente, sin embargo, ese consenso se quebró y la mayoría de los especialistas pensaba que el libro era el producto de la predicación creativa y original de Ezequiel, pero que la forma final de la obra contenía poco material original del profeta y mucho de los redactores finales del libro —de «la escuela de los discípulos del profeta». En épocas más recientes, sin embargo, el análisis sobrio de la obra ha revelado muchas más contribuciones originales del profeta y un mínimo de redacción por parte de sus discípulos. El análisis sosegado de las estructuras literarias del libro pone de manifiesto un nivel de unidad que relaciona directamente al libro con su autor, el profeta Ezequiel.

El proceso de redacción y edición final de esta importante obra teológica fue paulatino, como el resto de la literatura profética en la Biblia. Sin embargo, se puede indicar que la obra tomó gran parte de su forma final en el período exílico, y que las revisiones posteriores fueron mínimas y esporádicas. La gran mayoría de los oráculos que se incluyen en el libro se pueden relacionar directamente con el mensaje de Ezequiel.

Es muy probable que en el proceso de redacción final del libro participaran algunos de sus discípulos. Sabemos de la existencia de tales grupos de seguidores o «estudiantes» por las referencias que tenemos de ellos en los casos específicos de Elías y Eliseo, Isaías y Jeremías (véase, p.ej., 2 R 2.3; 6.1; Is 8.16; Jer 36.4). Estos grupos de discípulos de profetas recopilaban los mensajes de sus líderes, pero también los revisaban, interpretaban y actualizaban. Inclusive, en ocasiones, se sentían en la libertad de añadir palabras a las que recibieron de sus maestros, para enfatizar algún aspecto del oráculo o sencillamente para aplicarlo a una nueva realidad y desafío histórico.

El texto hebreo masorético del libro de Ezequiel, en general, no presenta un número muy elevado de dificultades textuales o lecturas complicadas. Una serie de pasajes que contienen las llamadas redundancias o repeticiones son más bien manifestaciones del estilo del profeta que problemas de copistas o complejidades en la transmisión de los manuscritos. Y en la superación de las dificultades textuales de la obra en hebreo, en ocasiones la versión griega de los Setenta (LXX o Septuaginta) no ayuda mucho, pues no es homogénea y presenta problemas de coherencia temática y algunas dificultades de contenido.

Las influencias del libro de Ezequiel en el Nuevo Testamento se ponen de manifiesto de varias formas. La literatura apocalíptica tomó prestadas de Ezequiel varias fórmulas de comunicación y simbologías, como puede notarse claramente en el libro del Apocalipsis (p.ej., Ap 5; 10.1-11; 11.1; 21.10; 22.1-3). Y los Evangelios, aunque no citan directamente al profeta, incluyen varias imágenes que ciertamente le pertenecen —por ejemplo, las referencias a la viña tienen ecos del mensaje de Ezequiel (Jn 15.1-10 y Ez 15.1-8) y las alusiones al buen pastor son similares a las que hizo previamente el profeta (Jn 10.11-18 y Ez 34.11-16).

c. Contexto histórico

Al profeta Ezequiel le tocó ejercer su ministerio en un momento histórico extremadamente complejo. Era una época de cambios nacionales e internacionales; era un período de invasiones y conquistas; era un momento de transformaciones intensas y desafíos formidables. El Oriente Medio antiguo, particularmente la región palestina, estaba en la mira de varias potencias internacionales por su importancia geopolítica y su valor económico. Ezequiel profetizó al pueblo en medio de un mundo cambiante, agresivo y militarista. Y en ese particular entorno político, social, histórico y espiritual, el profeta levantó su voz de autoridad y compromiso.

Un detalle de gran importancia histórica y teológica en el libro de Ezequiel que no es frecuente en otra literatura bíblica es que incluye una serie de referencias históricas precisas. Esas fechas son importantes, pues le brindan a quien lee o estudia ese mensaje con profundidad una orientación general en torno a la cronología de los oráculos proféticos. La identificación y el análisis sobrio de esas fechas son fundamentales en el proceso de comprensión y actualización del mensaje de Ezequiel. Facilitan el análisis exegético al permitir ubicar el mensaje profético en un entorno histórico bastante definido y preciso.

La siguiente tabla identifica las fechas a que alude el mensaje de Ezequiel:

Referencia en Ezequiel	*Año*	*Mes*	*Día*	*Fecha*
1.1	30	4	5	julio 593
1.2	5	–	5	junio–julio 593
3.16	5	–	12	junio–julio 593
8.1	6	6	5	agosto–septiembre 592
20.1	7	5	10	julio–agosto 591

24.1	9	10	10	enero 588
26.11	1	–	1	marzo 587-marzo 586
29.1	10	10	12	enero 587
29.17	27	1	1	marzo-abril 571*
30.20	11	1	7	marzo-abril 587
31.1	11	3	1	mayo-junio 587
32.1	12	12	1	febrero-marzo 585
32.17	12	12	15	febrero-marzo 585
33.21	12	10	5	diciembre 586-enero 585*
41.1	25	1	10	marzo-abril 573

Las fechas identificadas con un asterisco (*) están fuera del orden cronológico, pues el contexto temático del mensaje las ubicó mejor en esos lugares específicos. La importancia de estas referencias no debe subestimarse, pues nos permite relacionar el mensaje profético con eventos nacionales e internacionales de los cuales tenemos noticias e informaciones no solo por las narraciones bíblicas, sino a través de hallazgos arqueológicos en Egipto, Israel, Palestina y Babilonia.

El año 612 fue muy importante en la historia del Oriente Medio, particularmente en las regiones palestinas. Ese fue el año en que el imperio asirio cayó finalmente en manos de los babilonios y los medas. Ese acontecimiento político y militar tuvo repercusiones de gran importancia en la antigüedad. En la nueva configuración geopolítica, Egipto —que trató de apoyar a Asiria en su empeño por detener los avances militares de Babilonia— quedó muy frágil ante el nuevo imperio que se organizaba. En el proceso, el rey de Judá, Josías, muere en Megidó y su hijo, heredero al trono, es deportado como prisionero de guerra a Egipto, que instala como nuevo gobernante a Joaquín.

Cuando Nabucodonosor llegó al trono de Babilonia en el 605, se convirtió rápidamente en el señor de la región, pues dejó ver claramente y con firmeza sus intenciones expansionistas e imperialistas. Egipto continuó su campaña internacional contra los avances militares, la hegemonía política y los planes bélicos de Babilonia, hasta que en el 601 Joaquín interpretó los continuos conflictos entre Egipto y Babilonia como una debilidad del nuevo imperio, y se negó a pagar tributos a Nabucodonosor. Esa decisión del rey de Judá preparó el camino para una de las épocas más funestas y críticas en la historia del pueblo de Israel: el exilio en Babilonia.

Las respuestas del imperio babilónico a las aspiraciones independentistas de Judá no se hicieron esperar, pues los ejércitos de Nabucodonosor llegaron a la región con intenciones de conquista y destrucción. Ya en el año 598 los ejércitos sitian la ciudad de Jerusalén y el rey Joaquín muere en medio del asedio. Su hijo Jeconías le sucede, pero no puede detener la fuerza bélica del imperio y finalmente decide rendirse.

La rendición de Judá trajo consigo la deportación en masa de miles y miles de ciudadanos judíos. Los ejércitos babilónicos mudaron particularmente a las personas que constituían el liderato de la infraestructura política, económica, religiosa y militar del pueblo —entre los que se encontraba el profeta Ezequiel. Un nuevo rey títere se instala en Jerusalén, para representar adecuadamente los intereses babilónicos: Sedecías.

El resultado concreto de las iniciativas de Judá fue que la comunidad quedó dividida en dos sectores poblacionales: la comunidad que experimentó la derrota militar y permaneció en Jerusalén y Judá, y el grupo de deportados, que unidos al dolor de la derrota experimentaban las angustias de un exilio político y militar inmisericorde. El profeta Jeremías se encuentra entre los que permanecieron en Jerusalén, y Ezequiel es parte del grupo de deportados a Babilonia. A ambos grupos les unía la añoranza de un pronto retorno de los exiliados de Judá y la esperanza de una restauración nacional.

Algunos detalles históricos y varias fechas de gran relevancia teológica para el profeta son los siguientes:

640: Ascensión al trono del rey Josías
c. 627: Muerte del rey asirio Asurbanipal
c. 623: ¿Nacimiento de Ezequiel?
622: Reformas religiosas del rey Josías
612: Caída de Nínive y fin de la dominación asiria
609: Muerte del rey Josías en Megidó
609: Los egipcios deponen al rey Joacaz
609: Joacim reina como títere de los egipcios
605: Triunfo del rey babilónico Nabucodonosor en la batalla de Carquemish
601: Rebelión de Joaquín ante Nabucodonosor

598: Muerte de Joacim, exilio de Joaquín

598: Sedecías reina como títere de Babilonia

595: En medio de una rebelión en Babilonia, Sedecías detiene los tributos al imperio

594-593: Se organiza una especie de complot internacional para liberarse de las fuerzas babilónicas (Ez 1.2), pero el plan culmina en un fracaso y Sedecías debe presentarse en Babilonia para garantizar su fidelidad al imperio.

592-591: El profeta Ezequiel intenta mover al pueblo a la conversión y al arrepentimiento (Ez 8.1).

591-590: Años cruciales para el pueblo y el ministerio del profeta (Ez 20). El sector que favorece a Egipto contra las fuerzas babilónicas está muy activo en Jerusalén (Ez 29.1-7) y continúa la organización de rebeliones que no solo resultan fallidas, sino que propician una catástrofe mayor. Nuevamente Jerusalén se resiste a pagar los tributos a Babilonia.

588-587: Llegan los ejércitos babilónicos a las murallas de Jerusalén (15 de enero de 588). Egipto no tiene la capacidad de ayudar efectivamente a Judá y el rey Sedecías trata de huir, pero es atrapado y lo torturan, le sacan los ojos y lo llevan preso a Babilonia, donde finalmente muere.

587: El 25 de agosto de 587 la ciudad y el Templo, símbolos de la prosperidad económica y del compromiso religioso, son incendiados como signo de derrota y conquista final y definitiva. Posiblemente esa experiencia fue el entorno de gran parte de los oráculos de Ezequiel que tienen fecha precisa (Ez 26.1; 30.20; 31.1; 33.21).

587: Luego de la destrucción de la ciudad se produce una segunda deportación de ciudadanos de Jerusalén a Babilonia. Los líderes que habían permanecido en la ciudad luego de la primera deportación (597) ahora sufren la misma suerte: el exilio.

587: Los babilonios nombran a un nuevo líder, que ahora no es rey, sino gobernador. Sin embargo, el nuevo gobernante, Godolías, de la familia de Safán —amigos del profeta Jeremías— es prontamente asesinado por los últimos grupos y reductos de la resistencia que quedan en Jerusalén luego de la crisis de la destrucción de la ciudad y el Templo.

c. 584: Asesinato del gobernador de Judá, Godolías

582: Pocos años después de la derrota militar del 587, se produce una tercera deportación, seguramente relacionada con alguna nueva rebelión interna en Judá y Jerusalén.

Ezequiel: Un profeta extraordinario

562: Amel-Marduk (Evil-merodak) llega a ser rey de Babilonia
561: Liberación de Joaquín
556: Último rey de Babilonia
548: Ciro conquista Lidia
539: Caída de Babilonia y comienzo del imperio persa

Acerca de la vida de los exiliados en Babilonia no tenemos mucha información. Aunque gozaban de cierta libertad de movimientos y acción, según las narraciones bíblicas, quien hoy analiza y evalúa el mensaje de Ezequiel no debe ignorar la razón fundamental del exilio y la deportación: una derrota militar, una conquista política y una subyugación imperialista. Y en ese ambiente de cautiverio, deportación, destrucción y agonía, Ezequiel jugó un papel protagónico en los procesos de soñar el futuro y reorganizar al pueblo para la reconstrucción de la ciudad y la restauración nacional.

La teología de Ezequiel respondió a las dificultades concretas del pueblo y actualizó los antiguos mensajes proféticos ante las nuevas realidades históricas que afectaban adversamente al pueblo. Su mensaje creativo y sabio tomó los grandes temas de la teología de sus predecesores y los transformó en palabra divina, que ayudaba al pueblo a vivir las angustias del exilio con sentido de esperanza y resurrección nacional.

d. La teología

Desde la perspectiva teológica, Ezequiel es fiel a las tradiciones básicas del resto de los profetas de Israel. El fundamento de su mensaje es la firme y clara convicción de que Dios aborrece y rechaza la desobediencia humana, tanto individual como colectiva, y castiga severamente la infidelidad al Pacto o Alianza (véase, p.ej., Is 10; Jer 4-6; Ez 17). El Dios de Ezequiel presenta y destaca la fidelidad y la lealtad como prioridades teológicas que tienen implicaciones políticas y sociales.

En esa misma línea religiosa, el profeta presenta el juicio divino por las reiteradas violaciones del pueblo al Pacto, utilizando la terminología familiar e íntima del adulterio y la prostitución (Os 2; Jer 2; Ez 16.23). El uso de ese particular lenguaje pone claramente de manifiesto la gravedad del asunto ante los ojos de Dios, que en última instancia es quien se siente herido, humillado, rechazado, angustiado y ofendido por esas acciones impropias de infidelidad y rechazo por parte del pueblo y sus líderes.

Ezequiel y Daniel

Como Jeremías, Ezequiel estaba comprometido con el mensaje que destacaba la importancia de la fidelidad interior al Pacto, en contraposición a las respuestas militares al imperio babilónico que se fundamentaban en la arrogancia y el orgullo nacional. La base indispensable de la liberación verdadera, para el profeta exiliado, no era la prepotencia individual ni la arrogancia nacional, sino la obediencia y la fidelidad a la palabra divina. Según estos profetas, Babilonia no es sino un instrumento divino para la educación y corrección del pueblo (Jer 29; Ez 4, 21). El gran imperio babilónico, lejos de ser un agente independiente en el tablero político y militar del Oriente Medio, es sencillamente un agente que cumple y ejecuta la voluntad divina en la sociedad.

En la articulación del mensaje se pueden identificar en Ezequiel por lo menos seis vectores teológicos de importancia capital que merecen ser identificados y estudiados con sobriedad. El análisis sistemático de estas ideas y conceptos puede darnos pistas en torno a las prioridades temáticas y proyectos transformadores del profeta. No estaba interesado Ezequiel en entretener al pueblo con palabras superficiales que le embelesaran pero que no le ayudaran a superar la crisis en la que estaba inmerso. La palabra del profeta tenía una clara y segura finalidad transformadora y redentora.

i. *El Señorío de Dios*

La fuerza básica que guía y orienta el mensaje profético de Ezequiel está íntimamente relacionada con la idea del señorío divino. Para el profeta, Dios está presente en medio de todas las realidades y los desafíos del pueblo. Esa presencia divina no solo se manifiesta en medio de los cultos y las celebraciones religiosas y espirituales del pueblo, sino que se hace realidad en medio de las cambiantes dinámicas políticas y militares que tienen un nefasto efecto de muerte y destrucción.

Dios tiene el deseo y la capacidad de intervenir en la vida del pueblo para poner claramente en evidencia su capacidad de castigo y juicio, y también su poder restaurador y consolador. ¡El Señor toma muy en serio las acciones humanas individuales y colectivas! El castigo divino no es la reacción inmediata a una falta superficial. Según el profeta Ezequiel, las manifestaciones del juicio divino son revelaciones claras y seguras del compromiso salvador y el poder restaurador de Dios. Nunca se olvida el Señor de sus promesas al pueblo, que incluyen las manifestaciones extraordinarias de su amor, perdón y restauración.

Ezequiel: Un profeta extraordinario

En la comunicación del mensaje profético, Ezequiel enfatiza un componente indispensable de la naturaleza divina que no debe nunca obviarse o subestimarse. Aun en medio de los grandes cataclismos y juicios de la vida, Dios siempre mantiene su ternura, fidelidad y amor. Inclusive, cuando todo parece estar perdido y sin remedio —idea que se expresa con el lenguaje de muerte y destrucción de un valle lleno de huesos secos y dispersos (Ez 37.1-14)— el profeta no pierde la oportunidad de presentar y subrayar esa magnífica y extraordinaria capacidad divina de impartir vida y de generar un movimiento restaurador de resurrección nacional. Cuando parece que todo se ha acabado, Ezequiel tiene la capacidad, el compromiso y la virtud de presentar un mensaje de esperanza que produce en el pueblo un sentido novel de futuro y renovación (Ez 47.1-12).

ii. *La santidad divina*

El tema de la santidad de Dios no puede estar ausente en la teología de Ezequiel, dado su trasfondo y educación sacerdotal. En efecto, la santidad como valor espiritual y virtud moral se revela con fuerza en el pensamiento religioso y en los mensajes del profeta, pues pone de relieve la esencia divina, manifiesta el corazón de la teología profética y presenta el centro mismo del universo filosófico y teológico de Ezequiel.

Este importante concepto de la santidad divina pone rápidamente de manifiesto las diferencias entre la naturaleza divina y la humana, y revela las distancias entre las acciones humanas y la voluntad del Señor. En la comunicación y los diálogos que se presentan en el libro entre el profeta y Dios, hay un elemento lingüístico distintivo que subraya y presenta esa fundamental diferencia entre las esferas divinas y las humanas: Dios llama al profeta «hijo del hombre». En los momentos e instantes de conversación más importantes e íntimos se ponen de relieve con claridad la mortalidad y fragilidad humanas en contraposición a la eternidad y fortaleza divinas.

No es posible para el profeta Ezequiel percibir ni comprender adecuadamente la extensión y profundidad de la santidad divina. En la extraordinaria visión inicial (Ez 1.26), donde se presenta el famoso «carro celestial», el profeta solo puede ver «algo que se le parece», que «era semejante», que «tenía un aspecto», pero no puede ver con claridad y nitidez a Dios. Las evasivas son claras y evidentes: ¡El profeta no puede ver a Dios y vivir! Y esa es una visión sacerdotal fundamental de la naturaleza de Dios, pues la santidad divina expresa la naturaleza más íntima y extraordinaria del Señor.

Esa comprensión tan sacerdotal y profunda de la santidad divina le impide al profeta Ezequiel utilizar el sustantivo «santo» para dirigirse directamente a Dios. Con gran capacidad teológica y literaria, el profeta más bien se refiere a la santidad del «nombre de Dios» (p.ej., Ez 20.39; 36.20; 43.7), que es una manera sutil de aludir a la santidad divina sin correr el riesgo de utilizar el nombre del Señor en vano —que era un mandamiento de gran importancia en los círculos sacerdotales.

El nombre en el mundo bíblico era la identificación más profunda y clara de una persona. Era una especie de descripción de su esencia más íntima e importante. Quien conocía el nombre, se pensaba, tenía poder sobre lo nombrado. En este caso, el nombre divino manifiesta la esencia santa y justa de Dios, revela su naturaleza misericordiosa y amorosa, contiene sus virtudes liberadoras y sanadoras, y destaca su poder de perdón y salvación. Y, como el pueblo de Israel «conoce» el nombre del Señor, debe bendecirlo con su fidelidad y obediencia.

iii. *Reclamos éticos y cúlticos*

Uno de los grandes temas proféticos es el rechazo vehemente al culto y la liturgia en el Templo que no manifiestan implicaciones éticas. Para Ezequiel, que ha sido nutrido en las tradiciones sacerdotales en las que el culto tiene un valor fundamental, esa teología contextual de las actividades y festividades religiosas es muy importante (véase, particularmente, Ez 5-6; 17-18; 20; 22).

Un buen culto, a los ojos del profeta, manifiesta sus virtudes de forma concreta y clara en el rechazo firme, decidido y pleno a la corrupción gubernamental, a la injusticia en los tribunales del pueblo y la infidelidad religiosa. Tales prácticas, en sus manifestaciones personales y nacionales, impiden que las actividades cúlticas sean recibidas con agrado por Dios. Para el profeta es fundamental mantener la correspondencia entre los valores religiosos y los éticos. No puede haber un culto agradable a Dios sin vivencias de justicia.

Esa crítica de Ezequiel identifica con precisión algunas acciones del pueblo que son particularmente aborrecidas por Dios. Por ejemplo, el profeta rechaza con valor y seguridad la desacralización del sábado

(Ez 20.12-24), la celebración de cultos idólatras en los llamados «lugares altos» o santuarios dedicados a las divinidades locales (Ez 6.13; 20.28), y la profanación del santuario (Ez 23.37-38). Ese comportamiento del pueblo fue interpretado por Ezequiel como acciones de rebeldía e infidelidad.

Para Ezequiel esas actitudes humanas eran el resultado de la falta de «conocimiento» de Dios y del rechazo a las exigencias éticas que se revelan en el Pacto. Y al presentar su caso con propósitos educativos, el profeta analiza la historia de Israel e identifica de forma sistemática la constante tendencia hacia la infidelidad que manifiesta el pueblo, aun desde los tiempos liberadores de la salida o éxodo de Egipto (Ez 20). En esa particular interpretación teológica de la historia nacional, Ezequiel llega hasta a afirmar ¡que el pueblo nunca ha seguido al Señor con todo su corazón! Y añade, además, que la actitud constante de Israel a través de la historia siempre ha sido la rebeldía, que se manifiesta en infidelidad a Dios y rechazo a sus mandamientos.

iv. *Responsabilidad personal*

El importante tema teológico de la responsabilidad que los individuos tienen ante Dios es fundamental, tanto en Ezequiel como en Jeremías (Ez 18.2; Jer 31.29). Ambos profetas citan el mismo proverbio para enfatizar la comunicación de sus mensajes: ¡El pueblo no podrá decir nunca más que los padres comieron las uvas agrias y los hijos sufrieron la dentera! Es decir, cada persona es responsable de sus actos ante Dios y la comunidad.

Esa teología de responsabilidad individual también se aplica a las diversas generaciones (Ez 18), pues para Ezequiel cada tiempo es responsable ante Dios por sus decisiones y también por las repercusiones e implicaciones de sus acciones. Este importante tema se desarrolla muy bien en el mensaje del profeta que identifica las acciones de abuelos, padres, hijos y nietos. Y, aunque cada persona y generación debe enfrentar con valentía el resultado de sus decisiones y actos, el profeta presenta la importancia de superar las maldades del pasado para contribuir positivamente a la construcción de un presente y futuro mejores.

La importante teología del profeta como centinela (Ez 3; 33) se fundamenta prioritariamente en esa comprensión de la responsabilidad personal e individual. Y a la pregunta de por qué anunciar el mensaje divino al pueblo si nadie le hace caso, llega la respuesta firme: ¡Ezequiel es responsable de cumplir su misión ante Dios! ¡Y el pueblo es responsable de sus respuestas al mensaje divino!

El profeta Ezequiel debe ser fiel a su misión de embajador y representante de la palabra divina. Su finalidad primordial es anunciar con claridad y pulcritud el mensaje que presenta a Dios como agente de misericordia y justicia, independientemente de las respuestas del pueblo. Cada cual es responsable de sus acciones y decisiones: el profeta, al anunciar la palabra divina; y el pueblo, al responder adecuadamente a esos reclamos éticos y morales del Señor.

v. Pecado humano y misericordia divina

El tema del pecado está continuamente presente en los mensajes de Ezequiel. Un poco quizá por su formación sacerdotal, y también por las continuas rebeliones del pueblo, el profeta a menudo presenta y rechaza la actitud humana de rebeldía y arrogancia que impide la manifestación plena de la gracia y misericordia de Dios. Esa actitud pecaminosa, según el profeta, está profundamente enclavada en el corazón humano. Su esperanza es que la confrontación del pecado humano con la santidad divina produzca reacciones de arrepentimiento y humillación. Y esas demostraciones concretas de arrepentimiento pueden provocar la misericordia divina. La posibilidad de arrepentimiento es un gran valor teológico en el mensaje de Ezequiel (Ez 16.54-63; 33.10-16).

Esas actitudes de arrepentimiento, aunque son fundamentales y muy necesarias ante la presencia divina, no constituyen el único factor para que se manifieste el amor perdonador y la misericordia del Señor. La fuerza más importante que hace que la misericordia divina se haga realidad en medio de las vivencias del pueblo es la santidad de Dios. Esa extraordinaria santidad de Dios, unida a su firme y decidido amor al pueblo (véase a Ez 16.53, 60–61; 20.40-44; 34.11), hace que se revele el poder restaurador de Dios, que se presenta en el libro como una especie de resurrección y reconstrucción nacional (Ez 37.1-14).

En torno a este importante asunto de la resurrección nacional, que es una clara manifestación de gracia divina, el mensaje de Ezequiel es contundente y firme: Dios está comprometido con la restauración del pueblo para rechazar la burla de las naciones (Ez 36.6), y también para honrar y vindicar su nombre santo (Ez 36.22-23). Esas transformaciones radicales del pueblo necesitan que Dios mismo le equipe con un nuevo corazón, que le permita manifestar obediencia y fidelidad (Ez 36.26-28). En este proceso de redención nacional, es muy importante señalar que, para Ezequiel, el arrepentimiento humano es posterior a la manifestación de la misericordia divina.

vi. *El Mesías*

Es de particular importancia notar que aunque más de un veinticinco por ciento del libro se decica a presentar el futuro glorioso y restaurado del pueblo de Israel, las referencias directas y específicas al Mesías son mínimas. Esas alusiones presentan al Mesías como un líder nacional que debe cumplir una serie de responsabilidades ante el pueblo. No se nota en Ezequiel una específica percepción teológica del Mesías como el rey universal que implantará la justicia en las naciones, ni se le destaca como el agente internacional de Dios para traer la paz a la humanidad.

Al leer y estudiar el mensaje profético de Ezequiel se pueden identificar y analizar algunos pasajes de variada importancia mesiánica. Las referencias generales a los temas del «retoño» (Ez 17.22) o del «cuerno» —traducido en ocasiones como «fuerza»— (Ez 29.21), pueden tener algún eco mesiánico, según la tradición profética en Israel. Son imágenes y figuras literarias que el pueblo ya conoce y reconoce, y que se relacionan con sus percepciones mesiánicas tradicionales.

En la sección final de la obra (Ez 40–48), en donde el tema de la restauración es central, se incluye la alusión al futuro líder del pueblo y se le denomina, sin embargo, «príncipe» (que en hebreo se conoce como *nasi*), no rey. Proviene de la casa de David, aunque sus responsabilidades no son descritas en términos reales o monárquicos (p.ej., Ez 44.3). En la obra teológica del profeta Ezequiel todas esas posibles alusiones teológicas al Mesías son, en el mejor de los casos, tímidas y esporádicas.

Ese silencio teológico o timidez temática referente al mesianismo posiblemente no se deba a un rechazo de ese asunto tan particular e importante, ni a la falta de interés por el Mesías prometido. Quizá esa timidez profética se deba a que la preocupación fundamental del profeta, luego de la debacle del exilio, se relaciona con el pueblo y su restauración, no con ese importante personaje que llegará a Israel a su debido tiempo, según las expectativas tradicionales del pueblo. De todas formas, la figura del rey histórico en Israel quedó herida permanentemente en el tiempo del exilio en Babilonia. Luego del destierro, se presenta un nuevo líder nacional cuyas funciones se relacionarán con el trabajo sacerdotal.

e. El libro de Ezequiel en el judaísmo y las iglesias

Aunque el profeta Ezequiel no se menciona directamente en las Sagradas Escrituras fuera del libro que lleva su nombre, su influencia fue decisiva en la renovación de la esperanza de la comunidad judía después del período del exilio, particularmente entre los deportados que vivían en Babilonia. Su contribución debe haber sido fundamental, pues los líderes le consultaban con regularidad y sus palabras se convirtieron en parte del fundamento teológico y programático de la transformación nacional y del regreso de los exiliados luego del edicto de Ciro (Esd 2.1-70).

Esa influencia teológica se pone en evidencia al leer los libros de Daniel y Zacarías, que desarrollaron secciones importantes de sus mensajes fundamentados en las percepciones apocalipticistas que ya se manifiestan con vigor en el libro de Ezequiel. Inclusive, las formas de fechar los mensajes en los libros de Zacarías y Hageo revelan una clara influencia del profeta Ezequiel.

Las referencias a Ezequiel en la literatura apócrifa y pseudoepígrafa son mínimas. En la lista de honor de israelitas notables se alude a la visión de la gloria divina que tuvo el profeta (Sira 49.8). Además, se comenta que una mujer aludió al mensaje de los huesos secos de Ezequiel ante la muerte de su esposo (4 Mac 18.17). Y Josefo indica que Ezequiel fue el primer profeta en escribir sus mensajes y dejar dos libros (Ant 10.5.1; quizá el segundo libro del profeta sea Ez 40–48, aunque algunos estudiosos piensan que se trata de otra obra).

Entre los qumramitas la influencia de Ezequiel se pone claramente de relieve en los planes que tenían respecto al Templo renovado de Jerusalén —que se incluyen en un libro muy importante de la secta, conocido como «Rollo del Templo»— además de las destacadas percepciones sacerdotales que debía poseer el liderato del grupo. La influencia del profeta también se manifiesta en la teología de la espiritualidad y del remanente de Israel, y en la particular comprensión de la gloria de Dios que muestran sus escritos.

En la literatura rabínica las dificultades literarias y las complejidades teológicas del libro se revelan con claridad. Lo que es más, según San Jerónimo, los judíos de menos de treinta años no debían leer la obra

Ezequiel: Un profeta extraordinario

de Ezequiel. Además, como el profeta vivió fuera de la tierra de Israel, algunos líderes y rabinos dudaban de la autoría de su obra. A esa percepción de rechazo o distanciamiento se deben añadir las diferencias entre la Ley de Moisés y el libro de Ezequiel.

En el Nuevo Testamento tampoco se menciona al profeta Ezequiel de forma directa. Sin embargo, la importante doctrina cristiana de la resurrección se puede relacionar con facilidad con los mensajes del profeta, particularmente con la visión de los huesos secos (Ez 37). Además, esa influencia profética también se nota al estudiar con cautela y detenimiento la teología de la gloria divina que se manifiesta en la literatura paulina, pero es en las visiones apocalípticas de Juan que la influencia de Ezequiel llega a su punto culminante. Esa contribución se revela no solo en los temas teológicos expuestos en el libro del Apocalipsis, sino en las imágenes que desarrolla y en la metodología de la revelación.

A los padres de la iglesia les llamó poderosamente la atención el simbolismo de los números en Ezequiel, aunque estaban conscientes de las complicaciones teológicas y literarias de la obra. La importancia del profeta para Calvino se manifiesta al descubrir que su último libro publicado fue el estudio expositivo que hizo del libro de Ezequiel. Martín Lutero, sin embargo, no mostró mucho interés en este profeta. Sólo lo estudió y lo preparó para incluirlo en su traducción de la Biblia.

Las diferencias en los diversos acercamientos, las variadas percepciones y los contrastantes aprecios del libro de Ezequiel posiblemente se relacionan con las complejidades de su estilo literario y sus percepciones teológicas intensas. Para comprender y disfrutar el mensaje de Ezequiel es de suma importancia que estemos conscientes de que trabajamos con un documento antiguo y complejo, que incluye poesía y narración, generado por un profeta, predicador y escritor de gran capacidad intelectual, teológica, literaria e imaginativa. Una vez se toman en consideración esas peculiaridades literarias, las profecías y visiones de Ezequiel toman forma de mensaje transformador y palabra pertinente. La mano del Señor no solo llega al profeta, sino también a sus lectores.

f. Contextualización y aplicaciones del mensaje de Ezequiel

Las implicaciones actuales del mensaje de Ezequiel son muchísimas. Quizá por ser uno de los profetas mayores menos leídos, se nos haga un poco difícil contextualizar su mensaje. Sin embargo, no debemos obviar el hecho de que le tocó profetizar en una época de crisis mayor y de restauración que en ocasiones tiene semejanzas con las sociedades actuales. Como en la época de Ezequiel, vivimos tiempos de guerras y también de grandes posibilidades de restauración.

Dios llamó a Ezequiel a ejercer su ministerio en un momento de grandes desafíos políticos y sociales para su pueblo. En Jerusalén se manifestaba la infidelidad al Pacto y la injusticia reinaba, y en el ámbito internacional el imperio babilónico se organizaba para convertirse en poco tiempo en una gran potencia mundial que afectaría adversamente la estabilidad política y militar de Judá.

El profeta debió ejercer su ministerio en ese ambiente de crisis y dificultad, y presentó no solo el firme mensaje del juicio divino, sino que articuló de forma magistral palabras de esperanza que sirvieron de apoyo y seguridad al pueblo. Las profecías de esperanza en el libro de Ezequiel fueron un factor clave de gran importancia emocional y religiosa para la restauración y reconstrucción del pueblo.

El concepto del señorío divino le permitió al profeta desarrollar el sentido de esperanza y seguridad. Las naciones más poderosas del mundo conocido no eran sino instrumentos del Señor. El poder militar que poseían, a los ojos del profeta Ezequiel, estaba a la merced del Dios de Israel, y esa seguridad era fuente de esperanza y futuro. Si Dios les había sacado de Egipto y les había llevado a la «tierra prometida», no iba a permitir su destrucción total o aniquilación final a manos del ejército extranjero. La victoria de Babilonia era solo temporal, pues tenía una finalidad educativa.

Esas percepciones teológicas revelan a un Dios que es a la vez justo y misericordioso. Y esos valores teológicos son fundamentales para la actualización y aplicación del mensaje del profeta. En un momento histórico de guerras en el Oriente Medio, de terrorismos nacionales e internacionales, de crisis en las economías más fuertes del mundo, de amenazas de más guerras causadas en parte por las políticas energéticas de las naciones desarrolladas y los países productores de petróleo, de contaminación ambiental y calentamiento global, y de grandes manifestaciones de enajenación individual y colectiva, el mensaje profético de Ezequiel nos recuerda que Dios tiene el control de la historia y que está ciertamente presto a manifestar no solo juicio, sino misericordia.

El tema de la santidad es fundamental para las sociedades posmodernas en que nos ha tocado vivir. «Santidad» es una palabra que transmite fuertes ideas religiosas, sin embargo contiene la esencia de lo que necesitan el mundo y las sociedades del siglo veintiuno. Este término también puede traducirse en ambientes seculares como «integridad», que es una manera de puntualizar la importancia de mantener una clara correspondencia entre las conductas y los valores que se afirman.

Integridad es la capacidad de relacionar íntimamente lo que se dice con lo que se hace. Y ese importante valor es muy necesario en el mundo de la política y de la administración gubernamental, que ha sido mortalmente herido con el germen de la corrupción, convertido ahora en una plaga. Solo gente con integridad puede enfrentar las tentaciones de la corrupción con valentía y firmeza. Únicamente personas con integridad moral pueden rechazar los acercamientos impropios e inmorales que hieren y rechazan la voluntad de Dios para los individuos y las naciones.

En esa tradición de buenos valores morales y principios éticos, el tema de la responsabilidad individual es de fundamental importancia. Los reclamos éticos del profeta tienen repercusiones inmediatas en la población, que debe responder con responsabilidad a esos reclamos divinos. En una sociedad que glorifica la irresponsabilidad y celebra la falta de compromiso, el mensaje del profeta Ezequiel nos recuerda que los seres humanos tienen que ser responsables de sus actos. En un mundo de evasivas e irresponsabilidades, el profeta nos recuerda que la gente debe entender que sus decisiones y actos tienen implicaciones y repercusiones que les van a afectar posteriormente. Y fundamentadas en esas convicciones, las personas deben ponderar bien las consecuencias de sus actos antes de tomar decisiones de importancia.

Al evaluar el mensaje de Ezequiel debemos tomar en consideración que profetizó en un período de exilios, deportaciones, desplazamientos humanos, campos de refugiados y persecuciones políticas. Ese es un mundo similar al nuestro, en el que los refugiados políticos y económicos se han convertido en un gran problema social y moral. Como Ezequiel, nos ha tocado ministrar a deportados que han dejado a sus seres queridos y hasta sus almas en sus tierras patrias, y se les hace muy difícil acostumbrarse a la nueva realidad. Como el profeta, comunicamos el mensaje divino a personas heridas por la guerra y las injusticias, a familias divididas por los conflictos nacionales e internacionales, y a comunidades enteras que se han visto heridas por el flagelo de las drogas y las pandillas, y que necesitan con urgencia no solo una palabra de esperanza momentánea, sino el poderoso mensaje de la restauración y resurrección nacional.

Una palabra adicional es importante al contextualizar el mensaje de Ezequiel, y es su respuesta a la crisis y la devastación. Mientras que algunas personas se llenan de pánico y se paralizan ante las dificultades, Ezequiel reaccionó con creatividad y firmeza ante la adversidad. En medio de las grandes dificultades que vivía el pueblo el profeta se creció, y en medio de la hecatombe social y emocional transformó su mensaje de juicio en palabras de esperanza y seguridad. Esa gran capacidad solo es posible si se tiene un sentido claro de futuro y gran salud mental. La adversidad y el problema no son las últimas palabras de Dios para la humanidad, sino la restauración.

g. *Contenido y estructura*

En nuestro estudio del libro de Ezequiel utilizaremos la siguiente estructura temática y literaria para identificar las particularidades teológicas del mensaje del profeta. Se pueden identificar y utilizar otras estructuras para el estudio de esta obra. Sin embargo, hemos optado por esta para facilitar la identificación de los grandes temas que se ponen de manifiesto en la obra.

1. Mensajes contra Judá y Jerusalén (1.1–24.27)
   a. Llamado al ministerio profético (1.1–3.27)
   b. Acciones simbólicas y oráculos (4.1–7.27)
   c. La visión del fin del Templo (8.1–11.25)
   d. Condenación del pueblo y sus dirigentes (12.1–14.25)
   e. Metáforas del juicio divino (15.1–19.14)
   f. Mensajes de juicio contra Israel y Jerusalén (20.1–24.27)

2. Oráculos contra las naciones extranjeras (25.1–32.32)
   a. Oráculos contra las naciones pequeñas (25.1-17)
   b. Oráculos contra Tiro (26.1–28.19)
   c. Oráculo contra Sidón (28.20-26)
   d. Oráculos contra Egipto (29.1–32.32)

3. Oráculos de restauración (33.1–39.29)
   a. Segunda misión del profeta (33.1-33)
   b. El buen pastor y sus ovejas (34.1-31)
   c. Las montañas de Israel (35.1–36.15)
   d. Santidad divina y restauración de Israel (36.16-38)
   e. Restauración del pueblo de Israel (37.1-28)
   f. La visión de Gog (38.1–39.29)

4. El nuevo Templo y el culto nuevo (40.1–48.35)
   a. La descripción del nuevo Templo (40.1–43.12)
   b. Normas sobre el culto (43.13–46.24)
   c. Visión del río del Templo (47.1-12)
   d. Las fronteras del nuevo país (47.13–48.35)

Bibliografía

La siguiente bibliografía es solo una guía de lectura, y no pretende ser exhaustiva ni completa. El objetivo primordial es brindarle al lector o lectora algunas obras que le pueden ayudar en el estudio posterior de este importante libro profético.

Allen, Leslie C., *Ezekiel 1-19*. Word Biblical Commentary (Dallas: Word Books, 1994).

Alonso, D., «Ezequiel, el profeta de la ruina y la esperanza», *Cultura bíblica* 25 (1968) pp. 290-300.

Alonso Schokel, L. y J.L.Sucre, *Profetas* (Madrid: Cristiandad, 1980).

Asencio, F., «Ezequiel», *La Sagrada Escritura V.* (Madrid: Biblioteca de Autores Cristianos, 1970).

Asurmendi, J., «Ezequiel», *Comentario Bíblico Internacional* (Estella, Navarra: Verbo Divino, 1999).

Blenkinsopp, J., *Ezekiel* (Louisville: John Knox, 1990).

Block, Daniel, *The Book of Ezekiel*, 2 vols. (Grand Rapids: Eerdmans, 1997, 1998).

Boadt, L., «Ezequiel», *Nuevo Comentario Bíblico San Jerónimo* (Estella, Navarra: Verbo Divino, 2005).

Greenburg, M., *Ezequiel*, 2 vols. (New York: Doubleday, 1986, 1997).

Monloubou, L., *Un sacerdote se vuelve profeta: Ezequiel* (Madrid: Fax, 1973).

Pfisterer Darr, K., «The Book of Ezekiel» *The New Interpreter's Bible*, V (Nashville: Abingdon Press, 2001).

Pfisterer, Darr, K., «Ezekiel», en *The Women's Bible Commentary* (Louisville: Westminster John Knox, 1998).

Savoca, G., *El libro de Ezequiel* (Barcelona: Herder, 1992).

Vawter, B y L.J. Hope, *A New Heart. A Commentary on the Book of Ezekiel* (Grand Rapids: W.B. Eerdmans, 1991).

Zimmerli, W., *Ezekiel I and II: A Commentary on the Book of the Prophet Ezekiel*, 2 vols., Hermeneia (Philadelphia: Fortress, 1979, 1993).

1. Mensajes contra Judá y Jerusalén (1.1–24.27)

La primera parte del libro de Ezequiel se dedica principalmente a presentar una serie advertencias y de mensajes de juicio contra todo el pueblo de Judá, y particularmente contra la ciudad de Jerusalén y sus habitantes. El importante tema de la restauración nacional se incluye posteriormente en la obra (Ez 25.2–48.35). Esta sección inicial se puede relacionar con los primeros años de ministerio del profeta (c. 593-586 a. C.). En efecto, estos oráculos se pueden ubicar en el periodo de la administración del rey Sedecías.

Es importante notar al comenzar el estudio de Ezequiel que varios de los asuntos y los temas que se exponen en esta primera sección de juicio divino al pueblo se retoman posteriormente en los mensajes de restauración. Por ejemplo, la visión del trono de Dios (Ez 1; 8; 43), la descripción del profeta como centinela del Señor (Ez 3; 43), y los mensajes a los montes de Israel (Ez 6; 36).

Con ese particular estilo reiterativo se pone claramente de manifiesto la relación estrecha entre el juicio y la restauración, y entre los oráculos contra Israel y los mensajes de esperanza. La palabra divina final para el pueblo no es la destrucción y el desarraigo, sino la resurrección y liberación nacional. Junto a la firme convicción de la realidad de los juicios de Dios contra el pueblo se levanta triunfante el poder de la restauración.

Esa relación entre las dos mayores secciones del libro revela la importancia de la contextualización del profeta. Mientras había oportunidad de arrepentimiento, el mensaje profético es del juicio que reclama un cambio de actitud capaz de impedir o aminorar la destrucción. Ese poder de pertinencia hizo que Ezequiel revisara el mensaje cuando el pueblo estaba sumido en el dolor del exilio, para presentar el importante mensaje de restauración nacional.

a. Llamado al ministerio profético: 1.1-3.27

La sección inicial del libro, que presenta esencialmente la experiencia y revelación de la gloria divina a un sacerdote exiliado, puede dividirse en cuatro partes principales. Esas partes exponen las visiones iniciales del profeta y presentan la narración del llamamiento divino. Ezequiel, desde el comienzo mismo de su obra, presenta la importancia de la revelación de la gloria divina para superar las vicisitudes que el pueblo experimentaba en tierras extrañas.

Los temas que se articulan en la revelación, de singular importancia y de gran significación teológica, guían y orientan los relatos iniciales del libro: la manifestación de la gloria de Dios en medio de las dificultades relacionadas con la crisis del exilio y la deportación a Babilonia, el llamado a Ezequiel a ser centinela del pueblo y profeta de Dios, la responsabilidad individual en referencia a sus acciones personales, y el poder y la virtud de la palabra divina pese a la rebeldía o rechazo del pueblo.

1.1-3: Los primeros versículos del libro de Ezequiel, dispuestos en forma autobiográfica, son similares al estilo de otros libros proféticos (Os 1.1; Mi 1.1): se identifican las fechas y el lugar de la visión que se va a presentar a continuación, en primera persona singular, y se incluye también el título general de la obra, en tercera persona singular.

Las fechas y los detalles que se presentan en el pasaje, sin embargo, no son necesariamente fáciles de explicar. Los cinco años y cinco meses desde la deportación del rey aluden al año 593, y tradicionalmente se ha pensado que el año treinta es una referencia a la edad del profeta al comenzar su ministerio. Aunque quien reinaba en ese momento era Sedecías, el profeta consideraba que el reino le pertenecía legalmente a Joaquín, aunque éste estaba exiliado en Babilonia.

El río Quebar es un canal navegable tributario del Éufrates que corre hacia el sudeste, a través de la antigua ciudad de Nipur, y que formaba parte del sistema de irrigación babilónico. Cerca de ese lugar se había establecido una comunidad judía luego de la deportación del 597.

La referencia a los caldeos es una forma alterna de identificar a los babilonios.

De acuerdo con el pasaje, en esa fecha «los cielos se abrieron» y el profeta recibió las «visiones» de Dios. El ambiente es de gloria y esplendor. La frase que indica que «los cielos se abrieron» es una forma poética de introducir y visualizar la revelación divina. El particular término bíblico «visión» alude en este libro a las revelaciones divinas más importantes para el pueblo (Ez 8.3; 40.2). Más que una experiencia visual momentánea, esta palabra alude a un momento especial de toma de conciencia divina, al instante de comprensión de la voluntad de Dios. La revelación divina llega para llamar a Ezequiel a que se convierta en vocero y representante de lo eterno.

1.4-28: Aquí comienza una de las más partes complejas de la obra, que va del 1.4 al 3.15, y presenta el relato de llamado de Ezequiel a la vocación profética. La finalidad básica de la narración es legitimar teológicamente la misión del profeta, presentar las credenciales necesarias para desempeñar la tarea profética en medio de su comunidad. Y en este relato se incluyen en una especie de compendio el propósito del libro y su contenido primordial.

La estructura literaria fundamental de esta narración es similar a la de otros relatos de vocación (Is 6; Jer 1.4-19): la revelación divina (Ez 1.4-28), el envío a la misión profética (Ez 2.2-5.7; 3.4-7, 10-11), las objeciones al llamado —que en Ezequiel no se manifiestan— y finalmente, el signo que comprueba que la vocación proviene del Señor (Ez 2.8b-3.3).

Varios detalles teológicos del pasaje deben destacarse. El llamado, en primer lugar, no se expresa de forma directa, pues no se incluye el nombre del profeta, sino que se le llama «hijo del hombre», que es una manera semítica de decirle «mortal». Es una forma de diferenciar y contrastar el poder y la santidad de Dios con la fragilidad y pequeñez humana. Aunque el diálogo es íntimo, se subrayan las distancias divino-humanas.

Toda la sección tiene un cierto sabor apocalíptico y está llena de simbolismos. Los temas mayores y básicos que se manifiestan en esta visión inicial del profeta son esencialmente tres: la tormenta y los cuatro seres vivientes (vv. 4-14), las cuatro ruedas (vv. 15-21), y la bóveda y el trono (vv. 22-28). Una visión con elementos similares se incluye posteriormente en el libro para indicar que Dios había abandonado el Templo de Jerusalén (Ez 10).

Ezequiel: Un profeta extraordinario

La revelación es ciertamente difícil de comprender e interpretar. El simbolismo es intenso y extenso, y la cantidad de imágenes en la narración puede abrumar y desorientar a quienes estudian y analizan el pasaje. Sin embargo, el propósito fundamental del relato es afirmar que el Dios soberano interviene nuevamente en la historia para juzgar a Judá, y que ha escogido a Ezequiel, quien tiene un claro trasfondo sacerdotal, para convertirse en profeta del pueblo. Ante tal revelación, Ezequiel manifiesta su humildad y acepta la encomienda con responsabilidad.

La importancia del Espíritu en la teología de Ezequiel se pone rápidamente en evidencia desde las secciones iniciales del libro. Esa teología, que no es común en la mayoría de los profetas bíblicos, en esta obra juega un papel central: el Espíritu es el instrumento divino que prepara y le permite al profeta llevar a efecto su ministerio de forma efectiva (Ez 3.12,14; 8.3; 11.1,24; 37.1; 43.5). Y la importante expresión «la mano del Señor» (Ez 3.1,14,22; 8.1; 33.32; 37.1; 40.1) cumple una función similar a la del Espíritu, pues identifica la fuerza vital que guía y mueve al profeta a llevar a efecto la voluntad divina.

Las referencias al «viento huracanado», la «nube inmensa» y «el fuego fulminante y de gran resplandor» provienen del lenguaje típico de las teofanías o revelaciones de algunas divinidades relacionadas con las tormentas en el Oriente Medio antiguo, particularmente con Baal, de la ciudad de Ugarit, y con Hadad de Babilonia. Sin embargo, en este contexto se utilizan para describir la manifestación extraordinaria y maravillosa del Dios bíblico.

Lo que realmente veía Ezequiel, según el texto bíblico (v. 4), era «algo semejante a un metal refulgente», lo que enfatiza las ideas de iluminación, brillantez y resplandor. En medio de las oscuridades y cautiverios que generaban las derrotas militares, la destrucción de la ciudad de Jerusalén y el Templo, y el destierro a tierras extrañas y lejanas, el profeta veía un hálito de luz, que era un signo claro de esperanza y futuro, era una forma simbólica de poner en evidencia el poder de la palabra divina que llega al pueblo en medio de su realidades angustiantes. ¡La gloria divina es mayor que las miserias humanas!

De particular importancia es el uso del número cuatro en el libro de Ezequiel: se utiliza doce veces en este capítulo y en cuarenta ocasiones en toda la obra. El cuatro es símbolo de totalidad en la Biblia hebrea —por ejemplo, cuatro vientos (Ez 37.9), cuatro direcciones (Gn 13.14), cuatro puntos cardinales (Is 11.12).

En este pasaje el profeta alude a «cuatro seres vivientes» (v. 5), que posteriormente son descritos con más detalles y se identifican como «querubines» (v. 10). Son criaturas espectaculares y extraordinarias. Poseían «cuatro caras» y «cuatro alas», sus piernas eran rectas, sus pies parecían pezuñas de ternero y brillaban como el bronce pulido. Además, en sus cuatro costados, debajo de las alas, tenían manos humanas.

Los querubines (vv. 10-12) son conocidos en la cultura asiria como las criaturas casi divinas que custodiaban las puertas y los palacios, y por extensión protegían al rey mismo. Y la descripción que se ofrece en el pasaje destaca la idea de movimiento, acción y rapidez. De singular importancia en el texto bíblico es la distinción entre las criaturas y el espíritu que las mueve. De esta manera se pone en evidencia una vez más el poder divino que gobierna y dirige a los querubines.

En esta revelación divina específica, el fuego, los carbones encendidos o las antorchas, y los relámpagos (vv. 13-14) juegan un papel de importancia. Una vez más se utiliza el lenguaje tradicional de las teofanías para destacar la manifestación extraordinaria de la gloria de Dios (véase, p.ej., Ex 3.2-5; Is 6).

En los versículos 15-21 la narración toma dimensiones nuevas. Junto a cada criatura había una rueda, que al parecer tenía otra rueda en su interior —o quizá estaban dispuestas en ángulos rectos. La idea es destacar la facilidad de movimiento. Esas ruedas también poseían unos grandes aros que subían y bajaban, y que, además, estaban llenos de ojos, en una clara alusión a la omnisciencia de Dios. El objetivo de la visión es posiblemente presentar la importancia del total conocimiento divino en el ministerio del profeta.

Las ruedas posiblemente afirman que no se trata de la visión de un trono, sino de un carro de combate, y le brinda a la revelación un contexto militar de gran importancia teológica y práctica: ¡La revelación al profeta se produce luego de una derrota militar y una dolorosa deportación! Se introduce de forma velada la idea de que el guerrero divino está en medio de los exiliados, lo que es un claro mensaje de esperanza y seguridad.

La descripción de la visión incorpora en los versículos 22-27 nuevos elementos visuales y teológicos. Sobre las criaturas o seres vivientes había una hermosa bóveda resplandeciente (v. 22). Y el movimiento de esos seres vivientes producía un gran ruido, semejante al estruendo de muchas aguas, que también se describe como los ruidos que se generan en los campamentos militares. La imagen de esas aguas alude al caos primitivo que se opone a la voluntad de Dios (Gn 1.1-2). La acción de los querubines, además del gran estruendo, se identifica directamente con la voz del Dios Todopoderoso: ante el ruido ensordecedor que surge del caos, se sobrepone con autoridad la voz divina que propicia el orden y la seguridad.

La palabra hebrea que se utiliza en el pasaje para describir la «bóveda» en esta visión es la misma que se usa en Génesis para designar el «firmamento» o «cielo» (Gn 1.6-8) que separa las diversas aguas. De acuerdo con la cosmología y cultura israelitas, sobre esa bóveda celestial habitaba el Dios Todopoderoso (Sal 14.2; 33.13; 80.15; 102.20).

Sobre la bóveda celestial se encontraba algo semejante a un trono, según la visión de Ezequiel (vv. 26-28). Y ese lugar extraordinario estaba ocupado por una figura de aspecto humano. La descripción del trono es singular, pues se dice que es semejante al zafiro, lo que enfatiza la grandeza y el poder real de quien lo ocupa. Y la presentación de quien está en el trono es aun más elocuente: estaba rodeado de brillo, fuego, resplandor, e, inclusive, se incorpora la imagen del arco iris. Quien ocupa el trono en la visión es un personaje real que se presenta con poder sobre los diversos elementos de la naturaleza.

Esta sección de la visión culmina (v. 28) con una gran afirmación teológica y hermenéutica: el profeta es testigo de la manifestación espectacular de la gloria de Dios. Y ante tal revelación, cae postrado, en signo de reconocimiento divino. Esa actitud de humildad del profeta es común cuando está ante la presencia de Dios (Ez 3.23; 43.3; 44.4).

La gloria divina es la manifestación plena del esplendor, la voluntad y el poder de Dios, especialmente cuando se comunica con las personas (véase Ex 33.17–34.9). Este tema de la gloria divina es uno de los favoritos del profeta (véase, p.ej., Ez 3.12, 23; 8.4; 9.3; 10.4,18,19; 11.22-23; 39.21; 43.2,4,5; 44.4), pues responde con pertinencia a los desafíos que presentaba la crisis del exilio. La majestad de Dios no quedó cautiva ni derrotada en Jerusalén, sino que llegó a Babilonia con los cautivos. De singular importancia es el hecho que se presente la gloria divina (en hebreo, *kabod*) en forma humana, lo cual se repite solo en otra ocasión en la Biblia (Ex 33.18).

2.1-10: Aquí comienza una nueva sección del libro que llega hasta el 3.27. Fundamentado en la revelación que se incluye en el capítulo anterior, el profeta continua la descripción de su llamado y vocación. La dinámica de la revelación se mueve en esta ocasión de los aspectos visuales a los auditivos. Y como en el caso de la vocación de Jeremías (Jer 1), el relato se inicia y finaliza con la identificación de Israel como pueblo rebelde y obstinado (Ez 2.4; 3.8-11), aunque se afirma que la palabra divina prevalecerá en medio de las vivencias del pueblo.

El término «hijo de hombre» (2.1), que se utiliza con frecuencia en el libro (¡en unas noventa ocasiones!), le señala al profeta su humanidad, fragilidad, finitud, pequeñez y temporalidad. Esa condición humana se contrapone al esplendor, la grandeza, el poder, la eternidad y la gloria divina. La expresión pone rápidamente de manifiesto que lo divino y trascendente se encuentra con lo temporal y humano: la gloria divina se enfrenta cara a cara con la naturaleza perecedera del profeta. El mensaje al profeta subraya que quien revela el mensaje es Dios, quien tiene en sus manos el juicio y la salvación del pueblo.

El diálogo entre Ezequiel y Dios es mediado por una manifestación del Espíritu que hizo que el profeta se pusiera de pie y pudiera escuchar la palabra divina. El Espíritu, como en el caso de Moisés (Ex 33), «entra en el profeta», que no puede resistir la presencia divina, y le capacita para su labor en el pueblo. Se destaca una vez más la importancia de la manifestación divina para que el profeta cumpla su encomienda ministerial.

Ezequiel es comisionado y enviado por Dios para predicarle a una comunidad rebelde, desobediente, terca y obstinada, que no manifiesta deseos de cambios ni revela actitud alguna de arrepentimiento (vv. 3-5). El pueblo no solo ignorará al profeta, sino que responderá con hostilidad a sus mensajes.

Las imágenes de cardos, espinas y escorpiones revelan la naturaleza agresiva e hiriente de la comunidad. La encomienda divina es que, independientemente de la reacción del pueblo, Ezequiel ha de proclamar el mensaje divino con autoridad y sin inhibiciones ni rebeldías. La idea de Israel como pueblo rebelde se presenta con frecuencia en el libro (Ez 3.9,26,27; 12.2,3,9,25; 17.12; 24.3) para enfatizar las dificultades que debía enfrentar el profeta en el desempeño de sus funciones. Quien lo comisiona es el Señor Omnipotente, y esto subraya el poder divino ante las rebeldías humanas. La importante fórmula de comunicación profética «sabrán que yo soy el Señor» (v. 5), que Ezequiel utiliza con frecuencia en

Ezequiel: Un profeta extraordinario

sus mensajes, es la manera literaria y teológica de afirmar la veracidad y seguridad del cumplimiento de la palabra divina.

3.1-11: Dios llama al profeta a no ser rebelde como el pueblo y le invita a comer de un rollo que contenía una serie de mensajes de lamentos, gemidos y amenazas (vv. 8-10). La visión ahora incorpora al profeta en el proceso de revelación divina. La acción simbólica demanda de Ezequiel que coma del rollo, lo cual es una manera de decirle que se apropie completamente del mensaje divino. ¡Antes de comunicar el mensaje profético, el profeta debía asimilar la revelación divina! En la tradición del profeta Jeremías, aunque los mensajes eran de juicio, la palabra divina le supo dulce como la miel (Jer 15.16; Sal 119.103).

La revelación destaca la actitud obstinada y terca del pueblo, y la firmeza del profeta. Ante esa reacción rebelde de la comunidad, el Señor preparará al profeta para que no se intimide ni desoriente. Dios mismo le envía a donde está el pueblo, en medio del exilio (v. 11), y le dará la fortaleza necesaria para cumplir su misión. La narración ilustra esa acción divina con el simbolismo de la dureza y firmeza del diamante y la roca (v. 9).

3.12-21: Esta importante sección del relato de la vocación de Ezequiel (3.12-21) pone de manifiesto la comisión y el llamamiento del profeta como centinela de Dios a la comunidad. En la Biblia, la relación de centinela y profeta es clara (véase, p.ej., Os 9.8; Hab 2.1; Is 21.6). El centinela es la persona que debe alertar y proteger al pueblo contra los ataques por sorpresa, que pueden ser devastadores y hasta mortales para la comunidad. La importancia de ese particular personaje se fundamenta en que cumplía funciones de vida o muerte. En sus acciones podía estar tanto la salvación como la destrucción del pueblo. La responsabilidad de Ezequiel era muy importante.

Una de las ideas favoritas del profeta se relaciona con las intervenciones del Espíritu en su ministerio (Ez 8.3; 11.1,24; 43.5). En esta ocasión el Espíritu lo toma y le hace escuchar una alabanza a la gloria de Dios (v. 12). El tema de la gloria de Dios está íntimamente ligado al llamado y comisión del profeta.

En medio de la algarabía de la revelación, el Espíritu levantó y se apoderó del profeta y lo llevó a Tel Aviv, a las orillas del río Quebar, donde habitaba una comunidad de israelitas exiliados. El nombre de la comunidad en el idioma babilónico significaba «el (desolado) monte del diluvio», lo que pone en evidencia la percepción que tenían los vencedores del lugar a donde habían enviado a los deportados de Jerusalén y Judá. La reacción del profeta fue de solidaridad intensa y completa: ¡Estuvo abatido por siete días! Cuando se percató del dolor de la gente, se identificó con sus penurias y desesperanzas.

Luego de los siete días de «abatimiento» (v. 15) el profeta escuchó la palabra divina. Se pronunció la sentencia de muerte para quienes no obedecieran la revelación del Señor (v. 17). Sin embargo, esa declaración de muerte tan firme tan firme era válida no solo para el pueblo rebelde y desobediente, sino también para el profeta si no respondía conforme a la voluntad de divina. En este contexto de juicio y arrepentimiento, se presenta el tema de la responsabilidad individual. ¡Los seres humanos son responsables de sus acciones! ¡Y deben enfrentar las consecuencias de sus actos!

3.22-27: La última sección del relato de vocación presenta el elemento final de una disposición literaria en forma de quiasmo, o concéntrica. Comenzó el relato con «la mano del Señor» (Ez 1.4-28), prosiguió con referencias al Espíritu en dos ocasiones (Ez 1.28–3.11 y 3.12-21), para finalizar nuevamente con «la mano divina» (3.23-27).

En esta nueva visión, la mano del Señor llevó al profeta a un campo para entablar una conversación franca y sincera. Y en pleno diálogo divino humano, se manifestó la gloria de Dios (v. 23) de una manera similar a la que se le había revelado al comienzo de la obra. El Espíritu entró en el profeta y le indicó que se pusiera de pie, y que llegara y se encerrara en su casa.

La simbología del relato continúa y se presenta al profeta atado con sogas y mudo, para que no pueda llevar a efecto su encomienda. Sin embargo, sigue anunciando la revelación, cuando el Señor le hable se soltarán las sogas y se liberará la lengua para anunciar con solemnidad la palabra divina. La mudez del profeta fue temporal y simbólica, e indica que la palabra divina debía presentarse en el momento oportuno.

Esta singular referencia revela lo siguiente: en contraste con las formas de predicación de otros profetas, Ezequiel permaneció gran parte de su ministerio en su hogar, a donde la gente iba a consultarlo. Su buena reputación propició que inclusive los ancianos del pueblo le consultaran con alguna regularidad (Ez 14.1; 20.1).

Ezequiel: Un profeta extraordinario

De la lectura y el análisis de estos relatos se desprenden varios conceptos teológicos que tienen grandes implicaciones para la sociedad actual. En primer lugar, las referencias a la mano y al Espíritu de Dios indican la importancia de la intervención divina para cumplir con las encomiendas proféticas. No puede ejercerse un ministerio profético significativo sin que la intervención de Dios juegue un papel protagónico.

La revelación de la gloria de Dios se manifestó no en el Templo de Jerusalén ni en la ciudad santa, sino en medio de las dificultades de los exiliados en Babilonia. La gloria divina, de acuerdo con el mensaje de Ezequiel, no está confinada a los templos o lugares especiales, pues se mueve a donde está el pueblo en necesidad. Esa peculiaridad teológica es un signo de seguridad para la gente desplazada y exiliada en la actualidad. No hay lugar del mundo a donde no pueda llegar la gloria divina con virtud redentora y poder liberador.

b. Acciones simbólicas y oráculos 4.1-7.27

En esta sección del libro de Ezequiel se entrelazan tres acciones simbólicas del profeta con la articulación de una serie de importantes mensajes de juicio al país. Aunque a los profetas comúnmente se les conoce como «personas de la palabra», el simbolismo juega un papel central en la comunicación efectiva de la palabra divina. La virtud de este tipo de metodología es primordialmente pedagógica, pues les permite a los oyentes «visualizar» el mensaje profético, y contribuye positivamente en los procesos de comprensión y asimilación de la revelación divina.

Las acciones simbólicas en los profetas son una especie de representación pictórica del mensaje en la que el profeta transmite la palabra divina mediante algún gesto, movimiento o ejemplo. Entre los profetas que utilizaron efectivamente el simbolismo para la comunicación de sus oráculos, se pueden identificar los siguientes: Oseas, cuando trata el tema de la fidelidad matrimonial y nacional (Os 1.2-9; 3.1-5); Isaías y su paseo desnudo por Jerusalén (Is 20.1-6); y Jeremías, al colocarse un yugo en el cuello en la corte de Jerusalén (Jer 27.1-12).

Esa tradición de profetas visuales tiene en Ezequiel uno de sus máximos exponentes (Ez 4; 5; 12.1-16, 17-20; 21.11-12, 23-29; 24.15-27; 37.15-28). La simbología se convirtió en una de sus más importantes formas de comunicación. En Ezequiel se funden los sentidos auditivos y visuales para propiciar la presentación efectiva y la comprensión sobria de la revelación divina. El uso continuo y repetido de esa metodología le permitió al profeta transmitir su mensaje y destacar la importancia del momento que vivía la comunidad exílica.

El corazón de estos tres mensajes visuales de Ezequiel es el rechazo profético a la idolatría del pueblo. Ese acto de infidelidad nacional, entendida por el profeta como alta traición, prepara el camino para la declaración de culpabilidad y la sentencia de muerte. En este caso, la simbología juega un papel legal y jurídico, pues presenta las acusaciones y el enjuiciamiento del pueblo. Posteriormente los oráculos expanden el mismo tema.

4.1-8: El primer acto simbólico del profeta es doble: dibujar en un ladrillo de barro la ciudad de Jerusalén, y acostarse sobre su lado izquierdo (Ez 4.1-8). Estos actos intentan poner de manifiesto la naturaleza de la crisis y la gravedad del juicio divino. El profeta debía representar el asedio de la ciudad, con algunas de sus dinámicas militares; debía, además, permanecer inerte contemplando la representación de la ciudad como un signo del asecho de los enemigos del pueblo. El mensaje era directo y claro: se acercaba el momento del juicio divino mediante una invasión militar que traería destrucción y muerte al pueblo.

Las torres de asalto, las rampas y las máquinas para derribar los muros (v. 2) son buenos ejemplos de las diversas armas de guerra e instrumentos que se utilizaban en la antigüedad para el asedio y la destrucción de ciudades. La referencia a la plancha de hierro (v. 3) alude a que el sitio no podrá ser quebrado, y enfatiza el ambiente de muerte y destrucción de la imagen.

El profeta debía acostarse sobre su lado izquierdo (v. 4), inicialmente, en representación del pueblo israelita; posteriormente, se debe recostar sobre su lado derecho (v. 6), por las culpas del pueblo de Judá. Finalmente, profetizará contra Jerusalén. En el proceso, el profeta estará atado para impedir su movimiento mientras dure el asedio de la ciudad.

En la simbología se incluyen dos cifras de gran importancia, aunque de comprensión dudosa. Los trescientos noventa años (v. 5), de acuerdo al mensaje, equivalen a los años de la culpa de Israel. Y los cuarenta días (v. 6) se relacionan con la culpa de Judá. Como en otras visiones y mensajes pictóricos, las cifras no son exactas, sino representativas y simbólicas.

Los trescientos noventa años pueden relacionarse con el período entre la consagración del Templo por Salomón (c. 975) y su destrucción definitiva (c. 585). Otra posibilidad es que identifique el tiempo entre la monarquía de Saúl (c. 1010) y las reformas de Josías (c. 620). La relación es un día por cada año de pecado nacional. Y los cuarenta días pueden aludir al período que pasó el pueblo de Israel en el desierto, a la salida de Egipto. Una vez más, un día del profeta representa un año de la vida del pueblo, aunque el número cuarenta puede también ser símbolo de un período educativo completo, o representar una generación.

4.9-17: La segunda imagen en el mensaje simbólico de Ezequiel alude a la desesperación que genera el hambre, representa la dinámica relacionada con los asedios y los sitios de ciudades en medio de la guerra. Rodeado de ejércitos enemigos, al pueblo no le llagaban los alimentos necesarios para la subsistencia. Y ante esa realidad bélica, que es ciertamente inmisericorde y cruel, las personas actúan de formas inusitadas y extrañas.

La lista de alimentos que debe comer el profeta describe una dieta vegetariana estricta: trigo, cebada, habas, lentejas, mijo y avena. La alusión a las lentejas revela un detalle dietético de importancia, pues estaba prohibido mezclar las legumbres con otras semillas. Esa peculiaridad pone de manifiesto la desesperanza del grupo, que comía lo que había y tenía, sin contemplar las estrictas regulaciones dietéticas. La cebada tenía menos categoría social que el trigo, por lo que se consideraba como la comida del pobre (v. 12).

En el Oriente Medio es común utilizar como combustible el excremento de vacas; sin embargo, la Ley de Moisés prohibía tácitamente el uso energético de los desperdicios humanos (Lv 22.8; 7.18). Y Ezequiel, educado en las tradiciones sacerdotales (v. 14), conocía muy bien las leyes de pureza y sólo con la expresa aprobación divina (v. 15), y en medio de la crisis del asedio, aceptó cocinar en ese ambiente repulsivo de impureza religiosa.

Esta visión culmina con la naturaleza de la crisis del asedio babilónico a la ciudad de Jerusalén. Va a haber escasez de trigo y agua, lo que enfatiza la angustia del pueblo y la desesperanza nacional. Desde la perspectiva teológica se relaciona la dificultad bélica con el pecado del pueblo (vv. 16-17).

5.1-4: El tercer gesto simbólico del profeta proviene del mandato divino: Ezequiel debe tomar una navaja y raparse la cabeza y cortarse la barba; además, debía dividir el cabello en tres partes, para representar al pueblo de Israel que moriría de diversas formas en la crisis del asedio babilónico. El pueblo moriría por el fuego, por la espada y esparcidos por el viento, lo que alude al exilio y la deportación. Los cabellos que queden representan el remanente que se salvará, y aluden a los pocos sobrevivientes de la catástrofe de guerra.

El simbolismo de esta parte del mensaje de Ezequiel se fundamenta principalmente en varias porciones bíblicas legales y proféticas (Lv 26.33; Is 7.20). La espada que se utiliza para afeitar pone de manifiesto la matanza de un sector del pueblo en la conquista de los ejércitos babilónicos. Es importante señalar, en torno a estas imágenes, que el cabello es signo de fuerza y poder (Jue 16-17), y también de dignidad (2 Sam 10.4-5). Cortar el cabello era sinónimo de derrota y humillación. El número tres alude a una derrota total y representa las calamidades básicas relacionadas con la guerra: la muerte que proviene de la espada, el fuego y el exilio.

5.5–7.27: A la presentación de los primeros tres mensajes simbólicos de Ezequiel, siguen también tres oráculos de juicio, que continúan los temas ya expuestos. En esta ocasión, los oráculos del profeta se vinculan a través de una serie interesante de repeticiones. De particular importancia es la reiteración del juicio divino que se manifestará al pueblo a través de la peste, el hambre y la espada.

En la sección de mensajes simbólicos el profeta pregunta, de forma velada: ¿Qué sucederá con el pueblo? ¿Por qué ocurren estas calamidades? En esta nueva sección de oráculos, se contestan con mensajes proféticos esas importantes interrogantes.

El primer mensaje profético (5.5-17) afirma que la ciudad de Jerusalén es «el ombligo del mundo» o que está ubicada en el centro de las naciones y los territorios. Esa imagen es muy antigua en el Oriente Medio. Alude al lugar preciso donde la tierra y el cielo se unen, lo que implica que es un espacio especial y sagrado para que se produzcan encuentros y diálogos entre individuos y naciones y la divinidad.

Jerusalén está enclavada en un lugar privilegiado, lo que insinúa que el castigo por la infidelidad del pueblo será también devastador. Y para ilustrar la magnitud del juicio divino, se indica que la crisis generará casos de canibalismo (v. 10). La descripción de las calamidades que se experimentarán en la ciudad utiliza un vocabulario bíblico característico (véase, p.ej., Lv 26.25,31; Dt 32.23-25; Jer 24.9; 29.18).

Ezequiel: Un profeta extraordinario

Una serie de castigos y juicios se presenta en esta sección, precedida por varias cláusulas que justifican la acción divina: «por eso yo…» (v. 7), «por lo tanto yo…» (v. 8), y «por esa razón yo…» (v. 11). Esa es la forma de indicar que la ira divina se manifiesta en respuesta a los actos pecaminosos e infidelidad del pueblo. Los pecados del pueblo, según el profeta, son rebeldía y desobediencia a las leyes divinas (v. 7).

En esta sección es que se incluye por vez primera en el libro la importante frase, característica del profeta Ezequiel, «sabrán que yo, el Señor, lo he dicho» (v. 13). ¡Esa expresión, con algunas variaciones, se incluye en 54 ocasiones en el libro! Es una fórmula profética solemne para afirmar la voluntad divina y relacionar de manera íntima el conocimiento del Señor y la acción divina. La forma concreta de conocer la voluntad divina es a través del estudio y la comprensión de las intervenciones concretas de Dios en la historia.

Los oráculos de juicio cobran una nueva dimensión en 6.1-14, luego del mensaje contra la ciudad de Jerusalén (Ez 5.7-17). En esta ocasión son los montes o cerros palestinos, símbolos tradicionales de firmeza y estabilidad, los que reciben los oráculos de destrucción. En esos lugares altos era que se manifestaba la infidelidad religiosa del pueblo; eran los espacios donde se practicaba de forma concreta la idolatría.

El juicio llegaba al pueblo no solo por los pecados de la comunidad presente, sino también por los estilos de vida pecaminosos de las diversas generaciones de israelitas a través de la historia, en los lugares de culto idolátrico (v. 3).Y aunque el juicio es la nota fundamental del mensaje, el profeta deja ver una seria preocupación por el tema de la restauración nacional, que posteriormente en el libro se retomará (Ez 36).

El mensaje, que se fundamenta en algunas tradiciones bíblicas antiguas (véase, p.ej., Lv 26.30-31; 2 Sam 1.18-20), también incorpora frases de gran importancia teológica en el libro de Ezequiel. Por ejemplo, la expresión solemne «montes o cerros de Israel» (v. 2) se utiliza con alguna frecuencia en la obra (en 14 ocasiones), aunque en general se incorpora en los mensajes de restauración y esperanza (Ez 33-39). Las imágenes del mensaje ponen de manifiesto la crítica a las prácticas idolátricas del pueblo en los antiguos lugares relacionados con Baal (p.ej., altares, quemadores de incienso e ídolos malolientes; vv. 4-5).

En esta sección se introduce de forma sutil el tema del resto o remanente, que incluye la idea de restauración nacional (vv. 9-10).

Se indica claramente que algunas personas sobrevivirán la catástrofe, escaparán de la muerte y serán esparcidas entre las naciones y los pueblos. Posteriormente este mismo tema de esperanza se desarrollará aún más para afirmar de manera elocuente el poder divino que restaura, redime, salva y libera (Ez 12; 14; 16; 20; 36).

Un detalle teológico se presenta en este oráculo. Se alude al sufrimiento de Dios al ver las acciones idólatras e infieles del pueblo (vv. 9-10). ¡El corazón adúltero del pueblo genera el dolor divino! El juicio que se manifiesta en el pueblo es el resultado de las acciones impropias y desobedientes del pueblo, las que propician la ira divina y la manifestación plena del juicio.

La sección final del oráculo (vv. 11-14) retoma el tema de la infidelidad nacional y menciona nuevamente los lugares donde se celebraban los cultos idolátricos. El ambiente es de emoción profunda (v. 11). El idioma de la triple plaga (p.ej., espada, hambre y peste; v. 11) se relaciona con el mensaje del profeta Jeremías (Jer 14.12; 27.8,13; 28.8). Y la frase «extenderé mi mano...» (v. 14) es típica de Ezequiel para poner de manifiesto el juicio divino (Ez 14.9,13; 16.27; 25.7; 35.3).

El tercer oráculo en esta sección (7.1-27) presenta la inminencia y cercanía del juicio divino. Este mensaje es el clímax del anuncio de los juicios de Dios al pueblo. El movimiento temático del juicio divino va desde la ciudad de Jerusalén, a las montañas o cerros palestinos, para llegar finalmente a toda la nación.

Para el profeta, ha llegado del Día del Señor, el momento de la manifestación extraordinaria de la ira divina, el instante de la implantación de la justicia de Dios. Este tema es de fundamental importancia temática en la literatura profética (véase, p.ej., Is 2; Am 5; Sof 1), pues pone en clara evidencia teológica y contraposición práctica las respuestas y acciones de Dios fiel ante las infidelidades e injusticias humanas. En esta ocasión, el tema del juicio divino es el centro del mensaje.

El oráculo se puede dividir en dos secciones básicas. En la primera (vv. 1-9) se articula el mensaje con un claro sentido de urgencia e inminencia: ¡Te llegó la hora! ¡Ha llegado el fin! (v. 1) ¡Ya viene la hecatombe! ¡Tu fin es inminente! (v. 6) ¡Ya se acerca el día! (v. 7). La segunda parte del mensaje (vv. 10-27) incluye una larga lista de los desastres y calamidades que vivirá Israel cuando se manifieste con fuerza ese día del juicio divino.

Ezequiel: Un profeta extraordinario

De acuerdo con el mensaje de Ezequiel, el juicio divino es inexorable y firme. ¡Llegará a todo el país! ¡Se experimentará el furor divino, se vivirá la ira de Dios, se sentirá la mano justiciera del Señor! Las causas inmediatas del juicio divino se identifican como la injusticia, el orgullo, la violencia y la maldad de todo el pueblo (vv. 11-12). Esa dinámica social afectará hasta la economía y los procesos de compra y venta diarios (vv. 12-13). El juicio divino producirá el caos social.

Los desastres que se manifestarán en el pueblo son los siguientes, según el profeta: guerra, peste y hambre (v. 15). Las reacciones humanas ante tales calamidades son descritas con gran destreza literaria (vv. 16-22). El pueblo quedará herido de muerte, experimentará el dolor intenso de la derrota, vivirá un período intenso de vergüenza nacional, y reaccionará con asombro e incredulidad ante la gravedad de la situación. ¡El Día del Juicio divino ha llegado!

La crisis en el pueblo producirá escasez de alimentos y hambre, y los recursos económicos no serán suficientes para liberar a la comunidad de los efectos de la manifestación de la ira de Dios. Ha llegado el momento del juicio divino que llegará con fuerza a todos los estratos sociales del pueblo, desde los sectores más humildes y desposeídos hasta los sacerdotes, líderes nacionales y el rey (vv. 26-27). La idea principal del pasaje es que abundarán las desgracias y que el juicio divino será total y definitivo. Hasta el Templo, símbolo de la presencia divina en el pueblo, será profanado (v. 22).

Toda esta sección del mensaje del profeta Ezequiel pone de manifiesto el tema del juicio divino (Ez 4.1-7.27). Mediante el uso de diversos recursos literarios y visuales, Ezequiel presenta las reacciones divinas ante los continuos actos de provocación, infidelidad religiosa e idolatría del pueblo. No puede quedar inerte el Dios bíblico ante los pecaminosos estilos de vida del pueblo. Y esa actitud de rebeldía y rechazo a la voluntad de Dios se fundamenta en gran medida en el orgullo humano y en la arrogancia del pueblo y sus líderes.

El Día del Señor, según Ezequiel, es el momento especial para la manifestación de la justicia divina. Todo el pueblo recibirá las consecuencias de sus acciones y se producirá un caos en la sociedad. En efecto, el pecado humano genera desorganización y propicia la manifestación de más injusticias.

Una gran lección se desprende del estudio de estos mensajes: la relación íntima entre la infidelidad y desobediencia por una parte y la manifestación del caos social y la anarquía por otra. La obediencia a Dios y sus preceptos fomenta la implantación de la justicia, que es el fundamento de la paz. Por el contrario, los estilos de vida que optan por la infidelidad y el rechazo a los mandamientos de Dios están abocados al fracaso y la destrucción.

c. La visión del fin del Templo: 8.1-11.25

Catorce meses luego de la primera visión, Ezequiel tiene otra experiencia extática de revelación divina: «De pronto, el Señor puso su mano sobre mí» (v. 1). Ya para esa fecha la comunidad judía en el exilio había reconocido la autoridad profética de Ezequiel, y el pueblo, particularmente sus líderes, consejeros y ancianos, le consultaban con regularidad en torno a asuntos de importancia nacional.

De acuerdo con el relato, Ezequiel estaba sentado con los ancianos de la comunidad deportada cuando tiene una visión del Señor y fue transportado de forma visual y extraordinaria a la ciudad de Jerusalén. En esta experiencia se percata de la idolatría del pueblo, interpretada por el profeta como abominaciones extraordinarias ante la presencia del Señor, pues se cometían en el Templo mismo de Jerusalén, lugar donde el pueblo afirmaba que estaba la presencia de Dios y se celebraba la santidad divina.

Como respuesta a la revelación, Ezequiel pronuncia un singular mensaje de juicio, no solo contra la ciudad de Jerusalén, sino específicamente contra los sacerdotes, que eran las personas encargadas de mantener la pureza del Templo y del culto (Ez 9.1-11 y 11.1-21). Además, el profeta presenta el trono divino y describe de manera dramática cómo la gloria divina se aleja del Templo de Jerusalén (Ez 10.1-21 y 11.22-25).

Toda esta sección del libro (Ez 8.1-11.25) forma una especie de unidad temática con una particular estructura literaria. El tema general es el castigo divino y la partida de la gloria de Dios del Templo. Los temas se disponen de forma concéntrica, pues la estructura tiene la forma de quiasmo o paralelos temáticos.

La visión comienza con el tema del pecado de idolatría del pueblo, prosigue con la sentencia divina por el pecado, continúa con el rechazo hacia el Templo y los adoradores, para finalizar con una repetición de

Ezequiel: Un profeta extraordinario

la acusación, que incorpora también una importante promesa divina de restauración. La unidad temática de la sección se pone en clara evidencia al identificar una serie de frases que apuntan hacia la salida de la gloria divina del Templo y la ciudad (véase Ez 8.3; 9.3; 10.3; 11.23).

De forma contundente, el Señor rechaza el falso sentido de seguridad que ofrecía la estructura física del Templo: ¡Más importante para Dios que el edificio y la estructura física, de acuerdo con el profeta Ezequiel, era la adoración verdadera del pueblo!

8.1-18: Esta sección del mensaje puede dividirse en dos partes básicas: la primera presenta el contexto histórico y psicológico de la revelación divina (vv. 1-4), mientras que en la segunda se articula de forma ordenada la acusación divina (vv. 5-18). Ya el profeta en los capítulos anteriores (Ez 1-7) ha elaborado varios mensajes de juicio contra el pueblo. Ahora le brinda una serie de razones adicionales para la manifestación plena de la ira divina. El juicio de Dios ya no es hipotético o especulativo, sino una realidad inmediata.

La visión se produce en los días 17 ó 18 de septiembre del año 592, luego del período de 390 días, en los cuales el profeta debía estar inmóvil como símbolo del sitio a la ciudad de Jerusalén (Ez 3.16). No había concluido aún el ciclo de 40 días adicionales en los cuales debía reposar del otro lado.

El ambiente del relato es de revelación especial de Dios: la mano del Señor tomó al profeta y vio una especie de figura humana con fuego y brillo, que le tomó por los cabellos y lo llevó por los aires hasta la ciudad de Jerusalén —específicamente a la parte norte de la ciudad, donde está la puerta interior. En ese lugar preciso estaba ubicado «el ídolo que provoca los celos de Dios» (v. 5), una estatua que posiblemente era de Aserá, la famosa diosa de la fertilidad que también puede asociarse con Astarté, «la reina del cielo» (2 R 21.7; 23.4-6; Jer 44.17-19). Quizá se trate de la misma figura que 60 años antes había colocado en el Templo el rey Manasés (2 R 21.7; 2 Cr 33.7). De todas formas, su presencia en el Templo constituía una clara violación al primer mandamiento del Decálogo (Ex 20.4; Dt 5.8; 12.3). ¡La idolatría y el politeísmo estaban enclavados en el Templo!

En los versículos 5-18, después de estar ubicado en el lugar preciso para percatarse y evaluar las actitudes idolátricas del pueblo y sus líderes, el Señor comienza un diálogo intenso y revelador con el profeta.

Ezequiel y Daniel

La clave del mensaje es que Dios se aleja del santuario como respuesta divina a la idolatría humana. Esos actos idolátricos son descritos como abominaciones del pueblo ante la presencia de Dios. Se trata de «figuras de reptiles, y de otros animales repugnantes, y de todos los malolientes ídolos de Israel» (v. 10), que son representaciones de divinidades en las paredes como si fueran murales.

La actitud idolátrica de los setenta jefes o líderes del pueblo (v. 11) pone en clara evidencia la magnitud de la crisis religiosa y de identidad el pueblo. De acuerdo con los relatos del Pentateuco (véase, p.ej., Ex 24.1; Num 11.16,24), los setenta ancianos representaban a todo el pueblo de Israel que estaba frente al Monte Sinaí afirmando las acciones y decisiones de Moisés. En esta ocasión, sin embargo, esos líderes nacionales están inmersos en las dinámicas de las abominaciones idolátricas. La referencia a Jazanías, el hijo de Safán, pone de manifiesto la gravedad de la crisis religiosa: esa familia está relacionada continuamente con las importantes reformas de Josías y también con el profeta Jeremías (véase, p.ej., 2 R 22.3; Jer 29.3; 36.12).

Las dinámicas y los pensamientos que incentivaban la idolatría en el pueblo eran básicamente dos: la idea de que el Señor había abandonado el país y no se percataba de sus acciones infieles (vv. 12-13); y el reconocimiento que se le brindaba al dios Tamuz (también conocido como «El Bello», según Is 17.10; Ez 32.19), que en el panteón sumerio se casaba con la diosa Istar, representante de la fertilidad. El llanto de las mujeres de Jerusalén era una especie de oración para que las cosechas fueran abundantes. Era el reconocimiento público de que Tamuz, y no el Señor de Israel, era quien tenía el poder sobre la naturaleza y producía las cosechas. ¡La idolatría se manifestaba de forma máxima!

La idolatría era tal que la gente adoraba al dios Sol, reconocido en Egipto y Mesopotamia, y reverenciado en Israel, por lo menos en los días del rey Manasés (2 R 23.11). El acto de venerar a ese dios implicaba darle las espaldas al Señor (v. 16), y esto era la forma física de poner de manifiesto el rechazo público al Dios de Israel. La expresión «pasarme por la nariz» es un tipo de eufemismo para describir un gesto obsceno relacionado tradicionalmente con el culto a Tamuz. En efecto, la idolatría en Israel había llegado a niveles insoportables y detestables.

La respuesta del Señor a esos actos de infidelidad religiosa e idolatría pública es el juicio divino. ¡No habrá piedad ni compasión! ¡Dios no escuchará al pueblo! ¡Aunque oren y le imploren a gritos, no habrá respuesta divina!

9.1-6: En esta serie de visiones se escucha a Dios llamar a seis personajes violentos, ángeles exterminadores o verdugos de la ciudad (vv. 1-2), para que ejecuten su voluntad e implanten el juicio divino. Posiblemente esta visión representa a los soldados caldeos o babilónicos que llegaron a Jerusalén con poder destructor seis años más tarde.

Con esos personajes violentos también estaba un hombre vestido de lino, símbolo de dignidad y jerarquía, que llevaba en la cintura el equipo de escriba, en clara alusión al sumo sacerdote o a los sacerdotes en general. El número del grupo suma siete, que en la simbología bíblica alude a un juicio completo y definitivo.

Ante el gesto agresivo y decisivo de los guerreros y hombre vestido de lino, que estaban parados junto al altar de bronce (v. 2), la gloria del Señor que estaba sobre los querubines se movió a las puertas del Templo. Entonces los ángeles comenzaron a ejecutar los juicios divinos y el hombre vestido de lino inició el proceso de escribir una marca o señal de protección en la frente de las personas que se humillaban por los pecados del pueblo.

El relato es singular y revelador. Hubo a la vez juicio y salvación: destrucción para la gente idólatra e infiel, y redención para el remanente fiel del pueblo de Dios. Es importante señalar que el juicio comenzó en el Templo (v. 6), como símbolo claro de la importante responsabilidad espiritual y moral que tenían los sacerdotes en la vida religiosa del pueblo.

9.7-11: Aquí se repiten el tema del juicio divino de los ángeles y la protección del hombre vestido de lino. El propósito teológico de la narración posiblemente es destacar la gran iniquidad y pecado del pueblo, al mismo tiempo que se introduce un elemento importante de esperanza y restauración, que será el tema característico de la segunda sección mayor del mensaje de Ezequiel (Ez 25–48). La expresión final de la visión es que se hizo la voluntad de Dios (v. 11).

La referencia a los cadáveres es una forma de decir que el Templo se había desacralizado y profanado, se había convertido en un lugar no apto para la celebración de cultos y para afirmar la presencia divina (v. 7). Y en medio de la gran matanza que implicaba el juicio divino (vv. 7-10), el profeta dialoga con Dios. Se pregunta el profeta si el juicio no ha sido muy severo, pero su actitud de intercesión no recibe respuesta positiva de parte de Dios.

10.1-7: Las visiones del trono de Dios continúan en todo el capítulo 10, y en esta ocasión el profeta presencia cómo la gloria divina abandona el Templo. La sección se compone de tres partes fundamentales: en la primera (vv. 1-7) se alude a las brasas, que representan el juicio divino; la segunda sección (vv. 8-17) retoma y expande las imágenes de los querubines que se introducen en la primera visión del profeta (Ez 1); y, finalmente, la tercera parte del capítulo (vv. 18-22) describe la salida de la gloria de Dios del Templo.

En la visión, el profeta puede describir con algún detalle el trono de Dios: trono, zafiros, querubines, brasas, ruedas, nubes, atrio (vv. 1-3). En efecto, en esta ocasión el profeta llega en la visión al interior del Templo para presenciar el comienzo del juicio divino. Los querubines son también los seres vivientes previamente aludidos (v.15; Ez 1.13), y la referencia a las brasas indica que el juicio divino ya se está manifestando.

La gloria divina se aleja del Templo en etapas. Primeramente se mueve al umbral del Templo (v. 4), posteriormente se traslada sobre el querubín a la puerta este (v. 19), para finalmente llegar al Monte de los Olivos (Ez 11.23), al lado este de la ciudad de Jerusalén. Ese movimiento gradual es una forma de poner de relieve la paciencia divina, aun en medio de los juicios.

10:8-17: La visión de los querubines es singular. Cada uno tenía cuatro caras, lo que es una manera de destacar que tenían la capacidad de observar muy bien a la ciudad y al pueblo. Esta idea se enfatiza al indicar que las ruedas y los querubines estaban llenos de ojos (v. 12). La idea es destacar y enfatizar el conocimiento divino: el juicio de Dios se fundamenta en la buena comprensión divina de las realidades humanas.

Las cuatro caras de los querubines se describen en este capítulo de la siguiente manera (v. 14): la primera, de querubín (en Ez 1.10, se indica que el rostro era de toro); la segunda, de hombre; la tercera, de león; y la cuarta, de águila. En la literatura bíblica, los querubines tienen varias funciones. El análisis etimológico revela que la raíz de la palabra «querubín» se puede asociar con las ideas de «bendecir», «interceder» o «ser poderoso». El contexto en el cual aparecen en las Escrituras, sin embargo, sugiere que posiblemente eran agentes de protección (Gn 3.24). ¡El símbolo es de protección fuerte y poderosa que ayuda y bendice!

10.18-22: La parte final de esta sección describe la salida de la gloria de Dios del Templo. Frente a los ojos atónitos del profeta, la gloria divina, que estaba asociada tradicionalmente con el Templo de Jerusalén y su culto, se movía adonde estaban los deportados, junto al río Quebar. La presencia de Dios se ubica cerca al pueblo que estaba deportado en Babilonia.

La declaración teológica que revela esta visión es extraordinaria. En el mundo antiguo, las divinidades se asociaban a lugares específicos, eran dioses nacionales. Se presuponía que cada nación tenía sus propias divinidades. La afirmación de Ezequiel es que el Dios de Israel tenía la capacidad y voluntad de moverse de una nación a otra. Esa virtud religiosa ponía al Dios bíblico en ventaja sobre el resto de las divinidades antiguas que no podían hacer eso.

11.1-25: La conclusión de esta serie de visiones reitera el tema del juicio divino sobre la ciudad de Jerusalén, lo que era una manera poética de referirse a sus ciudadanos, particularmente a sus líderes. A un mensaje de condenación y juicio, se le une una afirmación adicional del éxodo de la gloria de Dios del Templo. Una parte del mensaje es para los ciudadanos de Jerusalén (vv. 1-13); y la otra, para los deportados (vv. 14-25).

Esta visión pone de manifiesto una reiteración profética. Es una metodología educativa de repetición que intenta destacar la naturaleza y gravedad de la condición del pueblo. El juicio divino ya no era un tema teológico futuro o hipotético, sino una realidad existencial. ¡La ira divina se manifestaba en el pueblo!

La referencia a los veinticinco ancianos de la ciudad alude, posiblemente, a la idea que tenía un sector pro-egipcio del liderato nacional que pensaba que Babilonia no tenía la capacidad ni la voluntad de invadirlos nuevamente y destruirlos de forma definitiva. ¡Estaban equivocados! ¡Pensaban que por no haber ido al exilio tenían una posición privilegiada ante el imperio invasor!

La imagen de la olla y la carne es reveladora. El orgullo del grupo se pone en evidencia al asumir que son la carne, es decir, lo más importante e indispensable de la ciudad, la razón de ser del «cocido». Esa actitud arrogante también se fundamentaba en una teología errónea de Jerusalén como ciudad inviolable e indestructible, pues asumía que Dios evitaría toda catástrofe nacional. La respuesta de Ezequiel (v. 7), y también de Jeremías (Jer 24.1-10), a ese tipo de teología es que el juicio divino se manifestará por los pecados del pueblo y que la gloria divina abandonará el Templo por esas actitudes pecaminosas y prepotentes del pueblo y sus líderes.

Entre esos líderes del pueblo estaban Jezanías hijo de Azur y Pelatías hijo de Benaías (v. 1). El primero (Jer 35.3; 2 R 25.23; véase también Jer 40.8; 42.1) no debe confundirse con un personaje del mismo nombre aludido anteriormente (Ez 8.11); y del segundo no tenemos más informaciones bíblicas, aunque su nombre es revelador, ¡pues significa «remanente del Señor»!

La muerte repentina de Pelatías (v. 13) revela una preocupación seria del profeta. Ezequiel pensaba que con los juicios divinos podía también perecer el remanente del Señor. La respuesta divina es que la deportación les servirá de «santuario», que es una manera de asegurar la continuidad del pueblo, aun en medio de las naciones a donde el Señor les ha llevado con las derrotas militares y los exilios.

Además, el Señor añade el mensaje de que en el futuro los reunirá desde donde estuvieren en las naciones y los países (vv. 17-18). Dios mismo también les dará un corazón íntegro y nuevo, y un espíritu renovado y vivificado, para que puedan rechazar la adoración de los ídolos y abstenerse de las abominaciones que propiciaron el juicio divino.

Según el profeta, el Señor transformará los corazones de piedra en corazones de carne (véase también a Jer 32.29), lo que es una manera poética de destacar los cambios internos que se llevarán a efecto en el pueblo. El propósito es que cumplan la voluntad de Dios. Para Ezequiel, esa transformación es el centro del juicio divino. La palabra final de la justicia de Dios no es la aniquilación total del pueblo, sino su renovación.

En los versículos 22-25, el profeta confirma y reitera el éxodo de la gloria de Dios del Templo de Jerusalén. En primer lugar, la gloria se mueve del Templo al cerro que está al oriente —lo cual alude al Monte de los Olivos. En ese contexto, el profeta es levantado nuevamente en la visión por el espíritu o el viento de Dios y llevado de regreso a donde están los exiliados en Babilonia. Entonces les indica a los ancianos lo que había experimentado en la revelación divina.

El mensaje primordial de toda la sección es que la gloria de Dios se había movido con los deportados al exilio por causa del pecado y las abominaciones del pueblo y sus líderes. Ya la gloria del Señor, después de esta revelación de Ezequiel, no estaba cautiva en el Templo, sino que se movía adonde estaba la comunidad. De esta forma el profeta reinterpreta la antigua teología que relacionaba la gloria y presencia de Dios únicamente con los lugares sagrados. De ahora en adelante el pueblo podía contar con la presencia divina independientemente de dónde estuviera.

La reacción divina a la idolatría humana no puede subestimarse. El juicio de Dios está asociado directamente con las acciones del pueblo que, al no reconocer la soberanía del Señor, se allegaban a otras divinidades para implorar su intervención salvadora. Para Ezequiel, esa actitud no solo era un claro repudio a los mandamientos divinos, sino que generaba dinámicas políticas y sociales que propiciaban el descalabro y la desorientación económica y espiritual del pueblo.

d. Condenación del pueblo y sus dirigentes: 12.1-14.25

Esta sección del libro continúa los mensajes de juicio divino e incorpora una serie de oráculos que reiteran ese importante tema. El rechazo de Dios al pueblo por sus actitudes de idolatría e infidelidad es absoluto y firme. Para el profeta, el exilio es el instrumento para manifestar la ira y juicio divinos.

La respuesta del pueblo a la firmeza y determinación profética de Ezequiel es de incredulidad y asombro. En respuesta a esas actitudes de incredulidad y negación, el profeta presenta sus mensajes: (1) el anuncio de que el rey, símbolo de estabilidad política y seguridad social, sería capturado, humillado y deportado a Babilonia (Ez 12); (2) la crítica firme, el rechazo absoluto y la denuncia pública a los profetas y a las profetisas que alientan falsas esperanzas en el pueblo presentando mensajes engañosos y desorientadores (Ez 13); y (3) el rechazo vehementemente del argumento común de que el pueblo no había cometido los pecados de los cuales se le acusa, y por lo tanto no debería sufrir el juicio divino (Ez 14).

12.1-16: Este capítulo incluye acciones simbólicas de gran importancia teológica y estructural. Desde la perspectiva temática, el profeta se convierte en un signo viviente o símbolo para el pueblo. Ezequiel deja de ser un predicador lejano y abstracto de las vivencias de su comunidad para convertirse en protagonista de la acción. Esta sección comienza una serie de acciones simbólicas que culminan en el capítulo 24: el profeta no debe observar luto ante la muerte de su esposa (Ez 24.24). No solo su mensaje llega al pueblo, sino también a su vida. Sin embargo, el pueblo es rebelde y obstinado, no desea escuchar ni obedecer la palabra divina (vv. 1-2): ¡Tienen ojos y no ven; y tienen oídos, y no oyen!

En la primera imagen del mensaje, el profeta presenta el asedio de Jerusalén, junto a la captura y el exilio del rey Sedequías (vv. 1-16). Prosigue el oráculo con una palabra simbólica del profeta, que actúa como si estuviera prisionero (vv. 17-20). Y concluye el capítulo con la transformación de un proverbio de consolación en un claro mensaje de juicio (vv. 21-28).

El Señor le habla al profeta y lo invita a actuar y vivir el mensaje de derrota, exilio y deportación. Lo llama a tomar su equipaje y representar la salida del Rey de la ciudad de Jerusalén, a plena luz del día, como presagio de lo que le sucederá al pueblo. Tanto el Rey como el pueblo serán esparcidos de forma violenta, como demostración de las acciones y la justicia de Dios. La finalidad es que el pueblo comprenda que «Dios es el Señor» (v. 15).

Se incluye, sin embargo, una vez más en el mensaje de Ezequiel un tímido pero certero elemento de esperanza y futuro. Aunque la deportación será extensa y angustiante, un pequeño grupo del pueblo o remanente escapará de «la guerra, el hambre y la peste». Estos se convertirán en voceros y representantes de la palabra divina y darán cuenta sobria y sabia de los resultados nefastos y las consecuencias desoladoras de la idolatría (vv. 15-16).

De singular importancia literaria y teológica es que Ezequiel nunca llama a Sedequías rey, solo «gobernante» (12), pues consideraba únicamente a Joaquín como el monarca verdadero de Judá, aunque este estaba deportado en el exilio (2 R 25). La referencia a hacer un agujero en el muro (v. 5) indica que Ezequiel vivía en las típicas casas babilónicas construidas con ladrillos de barro cocidos al sol.

12.17-20: En esta sección continúa y se elabora aún más la imagen del miedo, relacionada con el juicio divino que se acerca. En esta ocasión, el profeta debía temblar de miedo y espanto al comer y beber. El propósito es transmitir la gravedad de la situación y la magnitud de la crisis. La llegada de los ejércitos babilónicos representaba el potencial de una catástrofe nacional. El pueblo debía estar consciente de la naturaleza y extensión del juicio divino: ¡Las ciudades serán arrasadas y el país en ruinas (v. 20)!

Ezequiel: Un profeta extraordinario

12.21-28: Ya los profetas de Israel habían anunciado los juicios divinos, el infortunio del pueblo y la destrucción nacional. El pueblo estaba consciente de esos mensajes antiguos, particularmente de Isaías y Jeremías, y pensaba que el Señor había aplazado, eliminado o pospuesto la ejecución de esas palabras de destrucción. Sin embargo, Ezequiel revisa esa ideología y le indica al pueblo que el juicio divino y las advertencias del Señor llegarán con firmeza y sin retrasos.

Aunque el pueblo pensaba que las palabras de Ezequiel eran para el futuro lejano, el mensaje de juicio se cumplió. ¡Estas profecías se presentaron en el 593 y se cumplieron en el 587! En efecto, el juicio divino tuvo lugar con sentido de inmediatez. No fueron visiones engañosas, palabras ilusorias, mensajes desorientadores, ni oráculos mentirosos.

13.1-23: Junto al tema del cumplimiento de los mensajes y oráculos divinos, Ezequiel presenta una crítica mordaz y firme a la comunidad profética del país. La preocupación fundamental es el origen o la procedencia de la inspiración profética. La denuncia es primordialmente en contra de los profetas y las profetisas que vaticinan y predican de acuerdo con sus propios delirios, o según sus propias imaginaciones, sin haber recibido palabra del Señor. Son personas que profetizan con insensatez e imprudencia, pues la palabra que comunican no representa verdaderamente la voluntad de Dios al pueblo, sino adivinaciones superficiales. Esa confusión profética los convierte en agentes de desorientación y desolación.

En los versículos 1-7 la presentación de los profetas falsos es gráfica y descriptiva: son como chacales entre las ruinas (v. 4), no han estado en el lugar preciso en las brechas y los muros de la ciudad (v. 5), y sus visiones son mentirosas y adivinatorias (v. 6). De acuerdo con Ezequiel, ese tipo de profeta no contribuye positivamente al bienestar del pueblo, pues le brinda a la comunidad falsas esperanzas y no representa la urgencia de la crisis. Aunque digan y anuncien que el Señor ha hablado, la palabra que profieren no es verdadera.

La referencia a los chacales es significativa (v. 4), pues se mueven en grupos, se esconden durante el día en cuevas y en las noches salen y se alimentan de carroña o de carne en proceso de descomposición. Son criaturas detestables que no suelen vivir en las ciudades. ¡Los falsos profetas son semejantes a estos animales!

La respuesta divina a tales pretensiones no se hace esperar. El Señor reacciona de forma firme y adversa contra ese grupo irresponsable de líderes religiosos. La imagen de «levantar la mano» (v. 9) contra los profetas falsos revela la naturaleza del rechazo divino. La ira divina se manifiesta no solamente contra el pueblo idólatra, sino contra los profetas que no cumplieron con sus responsabilidades: no le avisaron ni advirtieron al pueblo la inminencia y extensión del juicio de Dios. La crítica de Ezequiel es que engañaron al pueblo diciendo que todo estaba bien (v. 10).

Como los mensajes de esos profetas son mentira, falsedad y adivinación, el rechazo del Señor, que se presenta como un castigo triple, es definitivo y firme. Perderán el honor y los lugares de prestigio en las asambleas nacionales. Sus nombres serán borrados de los registros del pueblo —lo que es una manera de destacar la intensidad del repudio divino. Y, finalmente, no tendrán oportunidad de regresar del exilio en Babilonia a la ciudad de Jerusalén (v. 9).

Otra imagen importante del profeta es la construcción de un edificio con una fachada bonita y grata, pero sin un buen fundamento (vv. 10-12). Tal estructura no resiste las inclemencias del tiempo, representadas en la lluvia torrencial, el granizo abundante y los vientos huracanados. El mensaje de Ezequiel es directo: las palabras de los falsos profetas no producen estructuras morales y espirituales capaces de resistir las dificultades y torbellinos de la vida.

La ira de Dios destruirá esas fachadas superficiales y pondrá en evidencia sus falsos cimientos. Los falsos profetas pagarán un alto precio por sus pretensiones religiosas y sus adivinaciones equivocadas. El pueblo no necesita adivinadores, sino representantes de Dios que articulen con sabiduría y firmeza la palabra divina que es capaz de transformar y redimir al pueblo. Eso lo afirma el Dios Todopoderoso, lo que es una manera de destacar la capacidad divina de cumplir su palabra.

En los versículos 17-23, Ezequiel dirige su palabra contra las mujeres que profetizan, lo que es una referencia a las adivinadoras y las sortílegas del pueblo. Esas actividades religiosas paganas estaban expresamente proscritas en el Pentateuco (p.ej., Ex 22.17; Lv 20.27). Sin embargo, esas hechicerías todavía se practicaban en el Israel que sufrió la experiencia del exilio.

Posiblemente el profeta alude a una serie de acciones simbólicas y a ritos que trataban de descubrir la voluntad de Dios mediante prácticas mágicas proscritas en Israel. Los «objetos de hechicería» (v. 18) son posiblemente las cintas que se colocaban algunas personas en los brazos y en la frente, que funcionaban como amuletos mágicos e imitaban las vestimentas de los sacerdotes (Ex 28.6-14). El uso del nombre de Dios en este tipo de ceremonias mágicas y prácticas profanas constituía una abominación ante el Señor (v. 19).

La reacción divina ante tales prácticas religiosas malsanas y desorientadoras es la liberación. Según Ezequiel, la hechicería ha impedido que el pueblo reconozca sus culpas y se arrepienta de sus acciones. Las adivinadoras y hechiceras del pueblo han descorazonado a la comunidad para que no se convierta de sus malas conductas. Y ante tales acciones, sólo puede llegar el rescate divino (v. 21).

14.1-23: Este capítulo enfatiza nuevamente el tema de la idolatría. Prosigue el profeta con los oráculos que identifican el origen del juicio divino contra el pueblo. Para Ezequiel el corazón de la crisis nacional que propició la destrucción de la ciudad y el exilio del pueblo era la idolatría, con sus diversas implicaciones religiosas, sociales, políticas y económicas.

En esta ocasión el mensaje de Ezequiel se articula en dos vertientes básicas: en primer lugar, se presenta a los ídolos como piedras de tropiezo que impiden que el pueblo se desarrolle positivamente, pues anidan en lo profundo de los corazones (vv. 1-11); y posteriormente, se afirma que tanto quien busca el apoyo del ídolo como quien se lo brinda serán objetos del juicio de Dios (vv. 12-23). Una vez más la idolatría se presenta como la causante de la ira de Dios.

En los versículos 1-11, una vez más los ancianos o los líderes del pueblo van a visitar a Ezequiel para escuchar la palabra del Señor. En esta ocasión se identifican como «jefes de Israel» (v. 1), aunque anteriormente se habían relacionado con Judá (Ez 8.1).

La palabra divina es contundente: entre los exiliados hay muchas personas que han olvidado la lealtad a Dios y han comenzado a adorar a las divinidades locales. La crítica es fuerte y firme: han hecho en sus corazones un altar de «ídolos malolientes» (v. 3) —lo que es una forma metafórica del profeta referirse a las divinidades paganas y a sus cultos idolátricos.

Según Ezequiel, la única respuesta aceptable del pueblo es el arrepentimiento verdadero (v. 6), que implica apartarse de las prácticas idolátricas, caracterizadas de forma explícita como repugnantes. ¡No puede continuar la comunidad con esas prácticas y vivir! ¡El resultado de participar en esos cultos paganos es la destrucción! Y los profetas del Señor deben estar conscientes de las implicaciones de esa gran responsabilidad ética y espiritual (vv. 10-11).

El mensaje culmina con una frase muy importante en la literatura sacerdotal: «Ellos serán mi pueblo y yo seré su Dios» (v. 11 y Lv 26.12; véase también Jer 7.23; 11.4; 30.21; 32.38). La frase es una manera de poner de manifiesto la importancia del pacto o alianza de Dios con su pueblo, que implica también una promesa sutil de restauración nacional cuando el pueblo tenga un «corazón sincero» (Ez 11.20). La superación de la idolatría es el camino hacia la liberación.

En los versículos 12-20, el segundo mensaje en este capítulo presenta las reacciones del profeta contra las falsas esperanzas del pueblo. Haciendo pleno uso de imágenes y simbología, el profeta continúa las palabras de juicio, y en esta ocasión incorpora el elemento de la responsabilidad individual.

De acuerdo con el profeta, la gente es responsable de sus actos y decisiones. Si alguna persona o nación peca contra Dios, y persiste en sus actos infieles, recibirá las consecuencias de sus acciones. El juicio divino, que llega como resultado de la infidelidad del pueblo, se describe de diversas formas gráficas: hambre, devastación y destrucción total (vv. 12-14), ruinas y desolación (vv. 15-16), guerras (vv. 17-18), y pestes y plagas (vv. 19-20).

Según la palabra profética, la destrucción que viene sobre el pueblo es total y definitiva. Aunque se presenten ante Dios en intercesión tres figuras claves, símbolos de justicia, integridad y fidelidad —p.ej., Noé, Daniel y Job—, Dios mantendrá su palabra de juicio y destrucción. El pueblo no debe fundamentar sus esperanzas en la intercesión de sus mejores líderes, pues cada persona, nación y generación es responsable de sus actos.

Noé representa al héroe antediluviano que pudo salvarse del juicio divino gracias a su integridad y obediencia. La figura de Job se relaciona con la paciencia y la fidelidad. La referencia a Daniel es quizá una alusión a un personaje conocido en la literatura antigua como ejemplo de la justicia humana. Ninguno de estos tres intercesores ideales es israelita, lo que es una manera de destacar el poder universal del Señor. El mensaje es claro: aunque estos tres personajes antiguos se libraron del juicio de

Dios por sus acciones justas, el pueblo no se librará del castigo que es resultado de su contumaz persistencia en la idolatría.

Al final de esta sección (vv. 21-23) Ezequiel incorpora un nuevo castigo a los tres más tradicionales. Junto al hambre, la guerra y la peste, se incluye una nueva calamidad: las bestias feroces (v. 21). Esto pone de manifiesto de forma gráfica la gravedad del juicio y la naturaleza del peligro.

Sin embargo, aunque según el profeta el juicio divino es definitivo y total, se manifiesta un claro aliento de esperanza y restauración en la expresión «quedarán algunos sobrevivientes» que serán liberados y regresarán del exilio (v. 22). La imagen del juicio no excluye la seguridad que imparte la idea de tener un Dios justo capaz de restaurar y redimir. Esa afirmación teológica es la base para que el pueblo entienda que las acciones del Señor no son injustificadas, sino que se llevan a efecto con razón.

Toda esta sección del mensaje de Ezequiel enfatiza el tema de la idolatría y sus consecuencias. Además, resalta la responsabilidad de los líderes religiosos, específicamente los profetas, en ese proceso de desorientación espiritual. De acuerdo con el profeta Ezequiel parte de la culpa de las prácticas impropias de adoración por parte del pueblo se relaciona con la actitud infiel e irresponsable de los profetas y profetisas. En vez de ser fieles al Señor en un momento de dificultad y crisis nacional, olvidaron el pacto o alianza. En efecto, el resultado más desagradable y crítico de la infidelidad es el juicio divino.

e. Metáforas del juicio divino: 15.1-19.14

En esta sección del libro, el profeta continúa el tema del juicio divino. La unidad temática se revela en el uso repetido y muy pertinente de la imagen de la viña para referirse al pueblo (véase Ez 15.1-8; 17.1-24; 19.10-14). De particular importancia es la elaboración de las metáforas y alegorías que reiteran la infidelidad de la comunidad y subrayan la respuesta divina a la rebeldía nacional y a la irresponsabilidad personal. La imagen de la vid posiblemente se refiere al contraste entre el orgullo nacional del pueblo y su condición precaria ante el Señor.

15.1-8: Este mensaje compara a los habitantes de la ciudad de Jerusalén con los viñedos. Esa imagen tiene cierta importancia en la literatura profética, donde la viña generalmente se usa como símbolo del pueblo de

Dios (p.ej., Is 5.1-7; Jer 2.21; 6.9; 8.13; Os 9.10; 10.1) —aunque también puede utilizarse para aludir a algún pueblo enemigo, como Moab (Jer 48.32). También Jesús se sirvió de este símbolo para sus sermones (Mr 12.1-9), y en el Evangelio de Juan se indica que Jesús es la vid verdadera (Jn 15.1-6).

La idea central del mensaje es que el pueblo es como la madera de la vid, que sirve para muy poco: solamente para alimentar el fuego, ¡y con ciertas limitaciones! Ya Isaías y Jeremías habían descrito a Israel como incapaz de dar los frutos necesarios. En esta ocasión, Ezequiel acentúa esa inutilidad nacional. La madera de la vid no sirve para hacer muebles ni perchas. ¡Escasamente sirve para alimentar el fuego! (v. 4). El propósito del profeta es señalar la total inutilidad y el fracaso absoluto del pueblo.

La palabra final del profeta es de juicio. De la misma forma que esa madera solo sirve para ser echada al fuego, así hará el Señor con el pueblo. La referencia a que se libraron de un fuego pero vendrá otro (v. 7) posiblemente sea una alusión a la primera crisis con los babilonios en el 597 y a la posterior destrucción de la ciudad de Jerusalén en el 587. La desolación nacional se hará realidad por la infidelidad del pueblo (v. 8).

16.1-63: En este capítulo, que es el más largo del libro, continúa el tema del juicio divino sobre la ciudad de Jerusalén, en representación de sus habitantes. En primer lugar se presenta la figura literaria de la esposa infiel (vv. 1-43), que ya había sido elaborada por otros profetas (p.ej., Os 1-3). Le sigue la imagen de las dos hermanas (Sodoma y Samaria; vv. 44-58), que enfatiza la gravedad de las inmoralidades. Y todo culmina con un mensaje de esperanza y seguridad (vv. 59-63). El propósito básico del profeta es «echarle en cara a Jerusalén» (v. 1), o poner en clara evidencia las culpas y la responsabilidad del pueblo por haber rechazado la voluntad divina y persistir en sus rebeliones.

En 16.1-43 el desarrollo del mensaje y de la imagen es paulatino. La alegoría de Jerusalén se mueve de forma gradual. La ciudad de Jerusalén es primero como una niña huérfana (vv. 1-7), luego como una mujer regia (vv. 8-14), y por último como una ramera (vv. 15-34).

De forma simbólica, el profeta le advierte al pueblo que desde antes de que la ciudad fuera israelita, aun en tiempos jebuseos, el Señor había estado pendiente de su salud, bienestar y seguridad: «Tu padre era amorreo y tu madre, hitita» (v. 3). Esas claras referencias al período cananeo de la ciudad también se ilustran con las imágenes del nacimiento, cordón umbilical, pañales y baños de criaturas recién nacidas (vv. 3-5). Frotar a las criaturas con sal era una práctica común en la antigüedad para evitar infecciones.

Aunque la intervención divina fue protectora y salvadora (vv. 5-8), el pueblo decidió desobedecer irresponsablemente a la revelación y la voluntad de Dios. De forma continua el relato presenta con imágenes vivas las intervenciones salvadoras de Dios en la vida del pueblo. ¡Dios puso su mano protectora para bendecir al pueblo en diferentes ocasiones!

Las imágenes de las actividades e intervenciones de Dios son reveladoras: ayudó al pueblo cuando fue abandonado (vv. 5-7), extendió su mano de amor, apoyo y seguridad (vv. 8-9), vistió a la ciudad de gala con joyas y piedras preciosos (v. 10) y le puso calzado digno (v. 10). Así se describen las acciones divinas en favor del pueblo.

Sin embargo, esas manifestaciones gratas de bondad y amor divino recibieron de la comunidad desprecio público y rechazo absoluto. Aunque el Señor había puesto y ataviado a Jerusalén (en representación del pueblo) como una reina esplendorosa (v. 13), con pulseras, collares, aretes, anillo y corona (vv. 11-12), la ciudad y sus habitantes decidieron prostituirse, valiéndose de su fama y belleza (v. 15). La arrogancia les hizo perder la perspectiva de la importante relación de amor y fidelidad que debían mantener con el Señor. El orgullo humano y la prepotencia una vez más se incorporan en la teología de Ezequiel como fundamentos básicos de los pecados e idolatrías del pueblo.

La imagen de prostitución y de acostarse sin pudor con quien llegara es una alusión a las prácticas religiosas proscritas en Israel, que el pueblo practicaba de forma pública: ¡Era algo nunca visto! (v. 16). Inclusive, el profeta hace referencia a las abominables prácticas antiguas de sacrificar a los hijos a los ídolos y a las divinidades paganas (vv. 20-22; véase también Jer 7.31).

En esos actos de prostitución, descritos de manera gráfica por el profeta (vv. 23-29), se alude a los egipcios, asirios y babilonios. Quizá esto sea una reacción adversa de Ezequiel a los diálogos y las negociaciones con esas naciones en busca de apoyo militar contra los ejércitos de Nabucodonosor (v. 26), en lugar de confiar y esperar en las promesas divinas. La referencia a la reducción del territorio (v. 27) posiblemente aluda a que Senaquerib le quitó parte de las tierras de Judá al rey Ezequías, y las repartió entre los pueblos filisteos de Asdod, Ecrón y Gaza. Y los diversos lugares de cultos paganos se describen como prostíbulos en cada plaza (v. 31).

El colmo de la infidelidad de Jerusalén y sus habitantes es que mientras las prostitutas requieren pago, ella, en cambio, les paga a sus amantes (v. 33). La desorientación religiosa y social del pueblo es absoluta: ¡La idolatría llega a niveles insospechados! ¡La reacción del profeta es de desprecio firme y rechazo absoluto! El juicio divino se manifestará con vigor y autoridad.

Tradicionalmente en Israel el adulterio se castigaba con la pena capital (véase, p.ej., Lev 20.10; Dt 22.22), mediante el apedreamiento (v. 40; Dt 22.21,24; Jn 8.3-7), el fuego (Gn 38.24) y la espada (v. 40; Ez 23.47). En ese mismo espíritu, Ezequiel presenta el juicio al pueblo. La destrucción será completa, y el juicio, desolador. El Señor lo afirma con toda autoridad (v. 43), de acuerdo con Ezequiel: Dios pondrá fin a las prostituciones del pueblo de forma final y absoluta (vv. 40-43).

En 16.44-58 el profeta une el tema del juicio divino y de la destrucción definitiva de la ciudad con la referencia a dos ciudades vistas tradicionalmente en la antigüedad como ejemplos de corrupción crasa e infidelidad descarada: Sodoma y Samaria. La primera ciudad se identifica tristemente en las narraciones del Pentateuco (Gn 18) con pecados de inmoralidad e injusticias. Y la segunda fue destruida por su idolatría (2 R 17.7-8).

Según Ezequiel, la ciudad de Jerusalén correrá la misma suerte que sus dos hermanas, Sodoma y Samaria, por su inclinación continua y persistente al pecado y la infidelidad. Es posible que el profeta aluda a los orígenes cananeos de la ciudad cuando indica que su madre «era hitita» y su padre, «amorreo» (v. 45).

En 16.53-58, el mensaje profético incluye nuevamente el tema fundamental de la restauración y la esperanza. Dios mismo restaurará no solo a Jerusalén, sino a Sodoma y a Samaria, en una clara manifestación de misericordia y amor. Les restablecerá el honor, les devolverá la honra, les regresará la dignidad. Estas palabras de Ezequiel se relacionan con las de Jeremías (Jer 30.18; 31.23), que a su vez se inspiraron en los mensajes de Oseas (Os 1-3). La palabra final del profeta no es de destrucción, sino de restauración.

Otro mensaje de esperanza se incluye al final del capítulo (vv. 59-63). En esta ocasión, sin embargo, se incorpora el importante tema sacerdotal del pacto o alianza. Aunque el Señor le dará su merecido a la ciudad (v. 59), no ha de olvidar que el pacto tiene dos protagonistas: Dios y el pueblo.

Sobre esa base, Dios se acordará y mantendrá su fidelidad a la alianza. El Señor recordará el compromiso que hizo con su pueblo y establecerá un pacto eterno (v. 60), pues el arrepentimiento y la humildad incentivan la manifestación plena de la misericordia de Dios. La humillación y el reconocimiento de culpa ayudarán al pueblo a superar el orgullo y la jactancia, y le permitirá disfrutar del perdón y la misericordia de Dios (vv. 62-63). En este contexto teológico se pone de manifiesto la importancia de recordar que la justicia divina no está desprovista de misericordia y perdón.

Los temas de juicio y destrucción continúan a lo largo de este capítulo, y las imágenes poéticas realzan la naturaleza y alcance de la ira divina. En efecto, el resultado de los pecados nacionales es la destrucción del pueblo. Sin embargo, esos actos de juicio divino no agotan las posibilidades de Dios hacia su pueblo. Aun en medio de las manifestaciones más intensas del juicio de Dios, la posibilidad de restauración siempre está presente.

17.1-24: El simbolismo y las imágenes continúan en el mensaje de Ezequiel. En este capítulo se presentan tres ideas básicas que son parte de un mensaje en forma de alegoría que se desarrolla de manera gradual: el águila, el cedro y la vid. La combinación artística que hace el profeta de las fábulas y los detalles históricos le dan a este capítulo gran importancia histórica y teológica. La estructura literaria del pasaje incluye dos poemas (vv. 1-10 y vv. 22-24) y una sección explicativa e interpretativa en prosa (vv. 11-21). La disposición del relato es en forma de quiasmo (ABA), y destaca el tema del juicio divino, aunque también se incluye la posibilidad de la esperanza.

1-10: El profeta presenta el mensaje en forma de enigma, alegoría o fábula, lleno de simbolismos. La identificación de las imágenes con personajes puede ser la siguiente: el «águila enorme» (v. 3) es Nabucodonosor, rey de Babilonia; el «Líbano» (v.3), en este particular caso, es Israel, específicamente la ciudad de Jerusalén (Jer 22.6; Zac 11.1-3; Is 10.34); «el retoño más alto» (v. 3) es quizá Jeconías, exiliado en el 598 (2 R 24.8-15); el «país de mercaderes» (v. 4) es nuevamente Babilonia; «la semilla de aquel país» (v. 5) es posiblemente Sedequías (2 R 24.17-18), quien había sido impuesto como rey; la «otra águila grande» (v. 7) es probable que sea Psamético II, monarca de Egipto, con quien Sedequías había hecho un pacto en caso del ataque de los babilonios (Jer 37.4-11); y «el viento del este» (v. 10) es el siroco, que proviene por temporadas del desierto y seca y destruye con su calor intenso las cosechas, y se puede relacionar en este mensaje con Nabucodonosor y sus ejércitos conquistadores.

Los versículos 11-21 son una sección en prosa que explica sistemáticamente la fábula que se incluye en los versículos previos (vv. 1-10). Las continuas referencias históricas ponen de relieve la importancia del texto. El corazón del mensaje es explicar por qué la política de Sedequías de resistir y oponerse a los avances babilónicos era equivocada. El problema, de acuerdo con el profeta, es que el rey de Judá rompió un tratado que había hecho con Nabucodonosor, y que tenía a Dios como testigo. No solo los actos públicos de adoración a las divinidades paganas eran infidelidad, sino también la violación de tratados humanos que tenían a Dios como testigo.

En la antigüedad, tales convenios políticos y militares se hacían poniendo a las divinidades nacionales como testigos y garantes de los acuerdos (véase, p.ej., 2 R 24.17; 2 Cr 36.13). En este caso específico, la ruptura del pacto internacional entre el monarca de Judá y Nabucodonosor era un acto público de infidelidad ante Dios. Por esa razón, el Señor dicta la sentencia de juicio, aunque Babilonia ejecuta la voluntad divina.

En 17.22-24 el poema regresa al tema que se incluye en la primera parte del capítulo (vv. 1-10). La primera imagen de la copa, el cedro y el retoño alude a que Dios interviene en la historia para poner en el trono de Judá a un descendiente de David (2 Sam 7.13). De esa manera se mantienen vivas las promesas a David, lo que garantiza el futuro del pueblo y es a su vez una palabra esperanzadora. La simbología poética tiene implicaciones históricas concretas.

La referencia a la protección que se les dará a «toda clase de aves» (v. 23) puede ser una descripción del faraón como un monarca extraordinario (Ez 31.6). Y las imágenes finales de los árboles de diversos tamaños que reconocerán al Señor son una manera poética de presentar el poder divino sobre las naciones circundantes de Judá. Es una especie de mensaje universalista que pone de manifiesto el poder de Dios a nivel internacional.

18.1-32: Este capítulo del libro de Ezequiel tiene gran importancia teológica. El profeta presenta la importancia de la responsabilidad personal e individual ante Dios, tema fundamental en este libro (véase Ez 3.16-21; 14.12-20; 33.10-20) —aunque ya se incluyen en el Pentateuco

Ezequiel: Un profeta extraordinario

algunos de sus componentes principales (p.ej., Dt 24.16), y en otros libros proféticos se pone en evidencia su importancia (Jer 31.29-30).

Sin embargo, aunque esta fuera la teología profética principal y oficial, en el pueblo predominaba la idea de que las culpas y los pecados se transmitían de generación en generación. Se pensaba frecuentemente que las dificultades personales, familiares, nacionales e internacionales se podían relacionar con actividades adversas de las generaciones previas (véase, p.ej., Ex 20.5; 34.7; Dt 5.9; Lv 26; 39-40; 2 R 10.1-11; 24.3-4; Jer 15.4; 18.21; Lam 5.9). Era una manera teológica de evadir responsabilidades, al ubicar el origen del mal fuera del nivel personal e individual.

El análisis sobrio del pasaje revela que existen conexiones temáticas con varias secciones bíblicas que identifican las virtudes de las personas justas (Is 33.14-16; Sal 15.24; Miq 6.6-8) y delatan los pecados de los malvados (Ez 26.6-12; Jer 22.1-5). El objetivo teológico del mensaje es llamar al pueblo al arrepentimiento, pues el Señor tiene la capacidad de proteger al pueblo fiel aunque esté deportado en tierras extrañas. ¡Los exiliados en Babilonia no pagarán los pecados de las generaciones previas en Jerusalén y Judá! El corazón del mensaje se relaciona con la posibilidad de vida que tienen quienes obedecen la Ley divina.

La primera parte del mensaje (18.1-20) presenta las diversas etapas de la responsabilidad personal: padres, hijos y nietos. Para el profeta, el famoso proverbio (también conocido por Jeremías; Jer 31.29) «los padres comieron las uvas agrias, y a los hijos se les destemplaron los dientes» (v. 2) no representa adecuadamente la voluntad divina. Inclusive, según Ezequiel, es el mismo Dios quien indica que no se repetirá nunca más ese proverbio en Israel (v. 3), pues quien peque será quien reciba las consecuencias de sus actos: la muerte (v. 4).

Ezequiel interpreta nuevamente el proverbio e incluye en su análisis tres generaciones para poner de manifiesto que cada cual es responsable de sus acciones. La solidaridad, que es un valor de gran importancia en las relaciones sociales, no es excusa para evadir las responsabilidades personales ante Dios.

Toda esta sección del libro presenta ejemplos específicos de la responsabilidad individual. Entre los ejemplos positivos de buena conducta se incluyen temas relacionados con la afirmación de la justicia, el rechazo a la idolatría, el seguimiento de las leyes matrimoniales, las demostraciones de solidaridad y la obediencia a la Ley (vv. 5-9). Las malas acciones que generan el juicio divino incluyen la violencia, el homicidio, la idolatría y la usura (vv. 10-13). El tono general del mensaje es que cada generación debe seguir los mandamientos divinos con sentido de fidelidad y mucha responsabilidad. El principio teológico es sencillo: vivirá quien sea obediente a la Ley, y morirá quien desobedezca los preceptos divinos.

En 18.21-32, luego de presentar la enseñanza relacionada con las acciones concretas que pueden llevar a la vida o a la muerte, el profeta trata el tema del arrepentimiento. ¿Qué sucede con la persona que ha pecado y al percatarse de su error procede a humillarse ante Dios? O por el contrario, si alguna persona justa se descarría y decide abrazar un estilo de vida pecaminoso, ¿qué sucederá con tal persona?

Según Ezequiel, cada persona es juzgada de acuerdo con sus actos concretos y específicos. El mensaje es claro, firme, decidido y directo: quienes permanezcan en la justicia, vivirán; quienes se desvíen morirán como producto de sus acciones específicas.

Es fundamental para el pueblo comprender bien la teología del «nuevo corazón y espíritu» (v. 31). Esa enseñanza pone en evidencia la importancia que Ezequiel les da a la experiencia religiosa interna, a las decisiones que se basan en convicciones profundas y a las actividades espirituales que surgen de valores profundos. La palabra final del profeta en torno a este tema es la siguiente: ¡Dios no quiere la muerte de nadie! Esa afirmación revela la importancia del arrepentimiento y la conversión en la teología de Ezequiel. El fundamento de la esperanza individual y nacional es la conversión sincera y sentida.

19.1-14: Este capítulo es una elegía o cántico fúnebre en honor a los príncipes o a los nobles de Israel. La estructura literaria es una forma de lamento comúnmente utilizada en eventos luctuosos. Son dos poemas: el primero describe el destino de un joven león (vv. 1-9), y el segundo, el futuro de una vid (vv. 10-14). Posiblemente se trate se una doble lamentación por la derrota definitiva del rey Sedequías.

La primera lamentación (vv. 1-9) presenta la imagen de una leona, que alude a Israel, y sus dos cachorros, que se relacionan con los reyes de Judá. Uno de esos cachorros se convirtió en un león feroz y fuerte —que puede ser el rey Joacaz, quien fue llevado a Egipto (v. 4; 2 R 23.34). La imagen del león es símbolo del guerrero fuerte, valeroso y decidido (p.ej., Gn 49.9; Sal 10.9; 22.14,22; Ez 32.2). El segundo cachorro es más difícil de identificar, pues puede tratarse de Joaquín (609-598) o de su hijo Jeconías (598) —o inclusive puede ser Sedequías (598-586), quien fue deportado a Babilonia, donde finalmente murió. El mensaje del poema es claro: muerte, destrucción, derrota y cautiverio.

Mientras que en la primera lamentación la madre era una leona, en los versículos 10-14 es la vid, imagen que ya se ha incorporado en el lenguaje profético de Ezequiel. Al principio, gracias a la abundancia de las aguas, el viñedo creció fructífero y frondoso; sin embargo, luego de ser desarraigado, llegó la desolación y la destrucción. El mensaje es también de destrucción y muerte. Inclusive, de una de las ramas brotó un fuego devorador que extinguió lo que quedaba del viñedo.

La vid se refiere al pueblo de Israel, que recibió el sustento y apoyo divino, pero a causa de sus múltiples pecados fue desarraigado y llevado al exilio, que era una especie de muerte nacional y política.

Toda esta sección de las profecías de Ezequiel (15.1–19.14) tiene como elemento común el juicio divino contra Judá y Jerusalén, que representan de forma figurada al pueblo. El mensaje profético se presenta con firmeza y seguridad en poesía y prosa: el pueblo es juzgado por Dios como resultado de sus rebeliones e infidelidades. En ese proceso de implantación de la justicia divina, la responsabilidad individual tiene una importancia capital.

La solidaridad social, según Ezequiel, no puede ser excusa para evadir las manifestaciones específicas de la ira del Señor. Los gobernantes y líderes, sin embargo, recibirán un juicio mayor por la importancia de sus cargos y responsabilidades nacionales.

f. Mensajes de juicio contra Israel y Jerusalén: 20.1–24.27

La sección final de la primera parte del libro de Ezequiel consta de cinco capítulos que incluyen y subrayan los grandes temas del juicio divino característicos del profeta. Sin embargo, aun en medio de esas palabras de juicio, destrucción y desolación, se incluyen algunos segmentos importantes de esperanza, restauración y sentido de futuro (Ez 20.30-38).

En primer lugar, se presenta una visión panorámica de la historia nacional, que ciertamente explica y justifica la ira divina y las manifestaciones intensas del juicio de Dios (Ez 20). Estos mismos temas se expanden posteriormente en la obra, con la imagen de la espada como guía temática principal (Ez 21). Las intervenciones del Señor se justifican luego con un mensaje de naturaleza jurídica que intenta poner en justa perspectiva las acciones del pueblo y las respuestas de Dios (Ez 22). La culpa, tema que previamente el profeta ya había presentado (Ez 16), se retoma en esta ocasión con la intención de exponer nuevamente la gravedad de la infidelidad y la idolatría (Ez 23). Con la imagen de una olla hirviente (Ez 24), se llega al punto cumbre del mensaje de Ezequiel: la ciudad va a ser sitiada y derrotada de forma definitiva. En efecto, el corazón del mensaje del profeta Ezequiel se revela en esta sección: el juicio de Dios es el resultado de la infidelidad del pueblo.

20.1-44: Este capítulo incluye la presentación panorámica de la historia del pueblo de Israel. De particular importancia en la narración es la identificación de los pecados y las rebeliones (vv. 4-32), y la afirmación de las posibilidades de restauración (vv. 33-44). La elaboración de estos temas se ubica una vez más en el entorno y las dinámicas relacionadas con otra visita que los ancianos y líderes del pueblo en el exilio le hacen al profeta (vv. 1-3). La palabra divina vino al profeta en respuesta a las preocupaciones del grupo.

La visita de los ancianos (vv. 1-4) fue el 14 de agosto de 591, un año después de la consulta previa (Ez 8.1), y solo unos años antes de la derrota y destrucción definitiva de Judá y la deportación de los líderes a Babilonia (587/6).

La preocupación básica de los ancianos del pueblo es muy válida: ya se notan las dinámicas de guerra, tanto en Judá como en Babilonia, y se sienten las posibilidades reales de destrucción en Jerusalén. Llegaron ante el profeta para consultarle y conocer la voluntad divina en esos momentos de inseguridad y crisis. La respuesta divina es negativa (v. 3), lo que de inmediato revela la gravedad de la situación.

La respuesta del profeta es la presentación de los continuos actos de infidelidad del pueblo a través de la historia. Las características fundamentales de Israel en su relación con Dios, según Ezequiel, han sido la desobediencia y la idolatría, acciones que son interpretadas por el profeta como justificaciones claras para que se manifieste el juicio de Dios.

Según el mensaje, la historia nacional puede ser analizada desde la perspectiva de cuatro períodos básicos. En primer lugar se describen las actitudes del pueblo durante el período egipcio (vv. 5-10). La palabra

Ezequiel: Un profeta extraordinario

de Ezequiel identifica la elección y las acciones divinas y el continuo rechazo humano. El pueblo no tomó en consideración que el Señor había jurado solemnemente que les libraría del cautiverio y les llevaría a la tierra donde abundan «la leche y la miel» (v. 6). Pero el pueblo prefirió mantener los ídolos antes que obedecer a Dios.

El segundo período histórico es el de la primera generación en el desierto (20.11-17), luego del éxodo de Egipto. Ese fue un tiempo de revelaciones especiales de Dios, a la vez que el pueblo manifestó su completa rebeldía e infidelidad. Israel recibió la Ley y decidió desobedecer los mandamientos y las leyes divinas. Y aunque Dios pensó en manifestar su ira y exterminarlos en el desierto en honor a su nombre —lo que es una manera literaria y teológica de poner de manifiesto su voluntad— decidió llevarles a la Tierra Prometida (v. 15). Ante la idolatría e infidelidad del pueblo, el Señor actuó con misericordia y compasión (v. 17).

Las reacciones de la segunda generación de israelitas que vivió en el desierto también son analizadas y expuestas por Ezequiel (20.18-26). Y una vez más, según el profeta, las actitudes del pueblo son de rebeldía e infidelidad. Los israelitas decidieron rechazar los decretos divinos, profanar el sábado y desobedecer las leyes. ¡El pueblo estaba obsesionado con los ídolos y las divinidades paganas!

En esta ocasión, sin embargo, Dios pensó no solo en manifestar su juicio, sino en esparcirlos por las naciones —en clara referencia al exilio (v. 23)—, pero mantuvo su compromiso de llevarlos a Canaán. Ya se nota, en el pensamiento de Ezequiel, una sutil pero clara inclinación divina a llevar el pueblo al exilio, como respuesta al pecado continuo de los israelitas.

La sección de evaluación histórica del pueblo finaliza con la entrada a la Tierra Prometida (20.27-29). El pueblo continuó su actitud pecaminosa e infiel, en esta ocasión incorporando en sus cultos las prácticas idolátricas y paganas de los cananeos. De nuevo se pone en evidencia histórica la continua inclinación del pueblo a la rebeldía y la idolatría.

El propósito básico de toda la sección es poner en evidencia clara y pública la culpa del pueblo, desde una perspectiva histórica y teológica (véase Nm 11-21). El juicio divino no es la respuesta improvisada de Dios a algún acto momentáneo del pueblo; es la manifestación seria y profunda de su ira, que ha estado contenida a través de los años, aunque a través de generaciones Dios ha manifestado misericordia, compasión y amor.

¡La actitud continua y constante en las relaciones del pueblo de Israel y Dios es la infidelidad del pueblo! Y, según el análisis del profeta, esa es la razón básica del juicio divino. Ya no pueden los israelitas basar sus esperanzas en la seguridad que le brindan el Templo y la ciudad, pues se acerca el día del juicio, que ya el Señor ha estado pensando y preparándose por generaciones. Nunca más el pueblo de Israel adorará «al palo y a la piedra» como el resto de las naciones (v. 32).

En esta sección de reflexión histórica se incluyen algunas frases de importancia teológica que deben ser identificadas. El gesto «con la mano en alto» (vv. 5,15,23,42; 36.7) es símbolo del juramento solemne que hace Dios, y alude a su compromiso firme y fidelidad absoluta ante el pueblo. Y las referencias a la tierra que fluye «leche y miel» (v. 6) aluden a la abundancia que experimentará el pueblo en la Tierra Prometida, luego de haber pasado una etapa de escasez y dificultad.

El mensaje de Ezequiel se mueve en los versículos 32-44 del juicio a la esperanza. El profeta indica con firmeza que con la misma intensidad con que Dios juzgó al pueblo en el desierto en la antigüedad, lo hará nuevamente con un propósito restaurador. La expresión «con gran despliegue de fuerza y poder» (v. 33) pone en clara evidencia el extraordinario poder divino —además, es una frase muy común en la literatura bíblica (véase, p.ej., Ex 6.6; Dt 4.34; 5.15; 7.19; 26.8; Sal 136.12).

La imagen del pastor que guía y divide el rebaño (vv. 37-38) sirve para puntualizar tanto la justicia divina como la misericordia de Dios, que separa al pueblo rebelde del remanente fiel. Al primer grupo le esperan el exilio y la deportación (vv. 34-36), mientras que al segundo se le renovará el pacto (v. 37). Cada cual recibirá el pago de acuerdo con sus acciones.

En esa afirmación del pueblo leal y fiel, el Señor, como pastor extraordinario del pueblo, desarrollará un buen proceso educativo que le permitirá al pueblo identificar y corregir sus errores. Esa manifestación de justicia de Dios, que revela también su extraordinario amor, hará que el pueblo reconozca sus conductas pecaminosas, rehaga sus obras corruptas y, finalmente, las supere (v. 44).

Los versículos 45-49 son una especie de preámbulo a los oráculos de juicio que utilizan la singular imagen de «la espada del Señor» como fuerza temática (Ez 21). El propósito es presentar el mensaje contra la región sur —lo que alude directamente a todo el pueblo de Judá, específicamente a la ciudad Jerusalén y a sus habitantes. El mensaje se dirige al bosque de Néguev, al sur de Jerusalén.

El lenguaje figurado del fuego devorador alude a la destrucción y devastación causada por los ejércitos invasores (p.ej., Ez 15.7; Is 10.16-19; Jer 15.14; 17.27; 21.14). En este caso se refiere particularmente a los babilonios. Las llamas devorarán todos los árboles, lo que revela las implicaciones ecológicas del juicio divino. ¡La crisis ambiental será extensa e intensa, pues son llamas que no pueden apagarse!

La naturaleza y complejidad de la revelación divina asustó y atribuló al profeta. En su introspección, piensa que el pueblo lo va a rechazar, pues ya ha comenzado a llamarlo «charlatán» (v. 49). El capítulo siguiente es una especie de respuesta divina a esa sentida y seria preocupación profética.

21.1-32: Este capítulo contiene un firme y fuerte mensaje de juicio divino que usa la metáfora de la espada del Señor como tema recurrente. Son cinco los oráculos que desarrollan el tema de forma paulatina (vv. 3-7; 8-17; 18-24; 28-32).

Ya el Señor «ha desenvainado la espada» (v. 3), lo que indica que los juicios divinos han comenzado. La ciudad de Jerusalén es la primera en recibir esa acción divina. Esa identificación precisa de la ciudad revela las acciones de Dios contra el Templo, que era el símbolo religioso y espiritual de la ciudad y del pueblo.

La reacción del profeta, que ya estaba seriamente preocupado (Ez 20.49), es de quebrantamiento y amargura. Dios mismo le llama a manifestar públicamente su dolor (v. 6). La palabra divina es firme y fuerte: la noticia de lo que va a suceder es adversa, y hará que las gentes desfallezcan, se atribulen y desorienten, y se llenen de temores y espantos. El juicio divino ya está por materializarse de forma radical y general: ¡Llegará a justos y malvados, de norte a sur! (v. 4). El Señor ha desenvainado la espada y no la volverá a envainar (v. 5).

En 21.8-17 se incorpora un poema dedicado a la espada del Señor. Ya la espada está preparada, afilada y bruñida para que pueda ejecutar con efectividad el designio divino (vv. 9-11), que en este caso se describe con el revelador verbo «masacrar». La espada se pondrá en manos asesinas, lo que alude a las actividades militares y de destrucción de los ejércitos de Nabucodonosor, famosos por sus matanzas y por las destrucciones de pueblos. La espada del juicio caerá sobre el pueblo de Dios, sobre los jefes de Israel, sobre los líderes nacionales (v. 12).

Y en medio de la descripción poética de la destrucción y las matanzas, el Señor llama al profeta a «batir las palmas» (v. 14), ¡lo que es señal de emoción y regocijo! ¡Hay alegría porque se ejecuta el juicio divino! ¡Hay regocijo porque se pone de relieve la importancia de la voluntad de Dios! Inclusive, el Señor mismo también batirá las palmas en señal de júbilo.

La imagen fundamental en 21.18-32 se relaciona con los ejércitos invasores de Babilonia. El rey, en alusión a Nabucodonosor, está en medio de una encrucijada: debe decidir contra quiénes va a entablar batalla. Las posibilidades son dos: llegar a Rabá, ciudad capital de Amón, al este del río Jordán, o llegar a Palestina para hacerle la guerra a Judá en Jerusalén. ¡El mensaje divino a Ezequiel es que debe señalarle el camino al rey enemigo e invasor! ¡La espada del juicio divino está en manos del rey babilónico, Nabucodonosor!

En medio de la encrucijada o bifurcación del camino, el rey invasor fundamenta sus decisiones en los procedimientos de adivinación que tiene a su disposición. Era común en la antigüedad que los reyes consultaran a los dioses antes de comenzar alguna batalla. Entre los procedimientos de consulta, el texto bíblico identifica tres. Se marcaban flechas con nombres y se sacaban de su aljaba al azar, y de esa forma se identificaba a las personas o pueblos que se debía matar primero. La referencia a los ídolos domésticos es quizá una alusión a las pequeñas representaciones visuales de las divinidades nacionales que se consultaban para determinar lo que se debía hacer (Os 3.4; Zac 10.2). Los procedimientos específicos de tales consultas son difíciles de determinar. Finalmente el rey examina el hígado de una oveja, lo que era práctica común en la Babilonia antigua.

El destino de Jerusalén se pone de relieve en la acción del rey, que confirma la guerra con su mano derecha (21.22-24). El texto bíblico identifica algunas técnicas bélicas: arietes para derribar puertas, torres de asedio y terraplenes para superar la barrera de los muros de las ciudades, y los gritos de guerra para ejecutar las acciones bélicas. El pueblo pensará que es una falsa alarma, pero se sorprenderá de lo inminente del juicio y la destrucción.

La sección final del mensaje de juicio divino (21.25-32) se dirige específicamente al rey Sedequías y también contra los amonitas. Al monarca de Judá se le despojará de su dignidad real y recibirá el pago por sus crímenes ante Dios. Las referencias al turbante y la corona señalan (v. 26) los cambios que se llevarán a efecto en el pueblo (vv. 30-32).

Ezequiel: Un profeta extraordinario

Con una terminología similar a la que se ha usado anteriormente (vv. 8-10), el profeta declara solemnemente que el juicio y la destrucción llegarán también a los enemigos de Israel. Este mensaje puede ser una alusión a la participación de los soldados amonitas en la destrucción y saqueo de Jerusalén luego de la invasión de los ejércitos babilónicos. También la espada del Señor llegará con vigor y justicia a esos pueblos enemigos. Luego de la destrucción de Jerusalén, los ejércitos babilónicos llegaron a Amón y también destruyeron sus ciudades y conquistaron sus tierras y a sus habitantes.

22.1-31: El tema del juicio toma dimensión nueva en este capítulo. El profeta identifica con alguna precisión los pecados de Jerusalén —que es una manera poética y figurada de referirse a todo el pueblo de Israel. Las acusaciones son claras y firmes. Aunque se notan ciertas similitudes con mensajes anteriores de Ezequiel (p.ej. 18.1-32), en esta ocasión se destacan las dimensiones políticas de las infidelidades del pueblo. Y aunque el componente religioso y litúrgico se incluye en este mensaje profético, son las dimensiones sociales las que ahora tienen prioridad.

La primera sección de esta serie de mensajes de juicio contra la ciudad de Jerusalén (22.1-16) pone de relieve las actitudes del pueblo que generan el juicio de Dios. Según el profeta, el caos y la mala fama caracterizan la ciudad (vv. 2-4). Y ese desorden religioso tiene implicaciones políticas y sociales. En esta ocasión, Ezequiel identifica varias de esas prácticas que han traído el juicio de Dios contra el pueblo.

La relación temática de esta sección con el Decálogo es evidente (Ex 20). La intención del profeta es poner de manifiesto las acciones desobedientes del pueblo ante los mandamientos divinos dados a Moisés. Han derramado sangre, practican la idolatría, los gobernantes abusan del poder, desprecian y deshonran al padre y a la madre, profanan el sábado, calumnian, adulteran, violan hermanas y nueras, sobornan y practican la usura.

La lista de pecados revela claramente el caos político, social y religioso. Y como resultado de esas prácticas humanas se manifiesta el juicio divino, que toma en el mensaje la dimensión de la deportación y el exilio (v. 15). Dios mismo está en contra de esas prácticas, pues son actos de injusticia que no representan la voluntad divina hacia el pueblo. Esto se revela particularmente en la opresión a las personas extranjeras y huérfanas y a las viudas (v. 7), quienes son los sectores más vulnerables y necesitados de la comunidad y, por consiguiente, necesitan más apoyo divino.

La imagen del juicio divino en 22.17-22 se relaciona con el horno de fuego de los artesanos. El pueblo es como la escoria de cobre, estaño, hierro, plomo y plata, que se queda en el horno y tiene que refundirse, pues su contenido es despreciable. ¡El corazón del mensaje es que el pueblo tiene poco valor! La figura literaria es intensa, aunque Ezequiel no es el único profeta que la utiliza (p.ej., Is 1.21-26; Jer 26.27-30; Zac 13.9; Mal 3.2-3).

La acusación del profeta se extiende en 22.23-31 a todas las clases sociales: profetas (vv. 25, 28), sacerdotes (v. 26), jefes de la ciudad (v. 27) y terratenientes (v. 29). El objetivo es relacionar el juicio total con la comunidad en pleno. Tanto los líderes religiosos como los políticos, económicos y sociales tienen parte de la culpa. El juicio divino se manifiesta a toda la comunidad porque toda la comunidad le ha fallado a Dios en el cumplimiento de sus diversas responsabilidades.

La referencia a los leones (v. 25) es posiblemente una alusión a los jefes o líderes y gobernantes del pueblo (Sof 3.3). Esto enfatiza el componente de violencia en el trato injusto hacia las personas vulnerables y necesitadas de la comunidad. Esos jefes también son como lobos (v. 27) que destrozan sus presas, lo que es una manera figurada de subrayar aun más la naturaleza impropia y hostil de las relaciones sociales en la ciudad. Todos estos sectores recibirán el juicio divino por sus actos llenos de injusticia.

El Señor ha buscado quien se interponga y detenga el juicio, pero no lo ha encontrado (v. 30). La tierra y sus habitantes serán purificadas por el fuego y las lluvias de la ira de Dios (v. 23). ¡La maldad se ha generalizado!

23.1-49: El mensaje de juicio se mueve ahora a la denuncia intensa de dos hermanas (v. 4): Aholá (que representa a la ciudad de Samaria y a sus habitantes) y Aholibá (que alude a Jerusalén y a sus ciudadanos). El propósito del oráculo es poner en evidencia la infidelidad del pueblo de Israel, específicamente en sus relaciones con otras naciones. ¡La palabra profética, en esta ocasión, tiene implicaciones internacionales!

La primera sección de la palabra de Ezequiel presenta la metáfora de las ciudades o hermanas (vv. 1-35), mientras que la parte siguiente ofrece una explicación del mensaje (vv. 36-49). En efecto, en esta sección del mensaje profético se encuentra la descripción más intensa y clara de los pecados del pueblo.

Ezequiel: Un profeta extraordinario

Quizá este oráculo deba leerse en relación al mensaje del capítulo 16, pues el estudio detallado de ambos mensajes descubre temas y fraseologías en común. Una diferencia fundamental, sin embargo, es que mientras en el mensaje anterior Ezequiel enfatiza las dinámicas litúrgicas y las prácticas religiosas del pueblo, en esta ocasión se subrayan las alianzas y convenios con naciones extranjeras, que para el profeta constituían actos de infidelidad y falta de confianza en el Señor. De particular importancia en este mensaje son las fuertes imágenes sexuales que utiliza el profeta para describir el pecado del pueblo (véase, en torno a este tema, Jer 2.23-25; Os 3.13-14).

El mensaje alegórico se presenta en varias etapas. La primera afirmación se relaciona con las ciudades de Samaria y Jerusalén, que se identifican como dos hermanas. Los nombres son simbólicos: Aholá puede significar «su propio santuario o tienda»; y Aholibá, «mi santuario o tienda está en ella». El primer caso sería una forma de rechazo al templo construido por Jeroboam para las tribus del norte (1 R 12.25-33), en Samaria. El otro nombre puede implicar que el Templo donde Dios decidió habitar está en Jerusalén (Dt 12.5). Son dos hermanas que surgen de una misma madre (vv. 1-2) que salió de Egipto (v. 3) —lo que es un modo en que los profetas critican la división entre las tribus.

En 23.5-10 la palabra profética identifica las acciones, venturas y desventuras de las dos ciudades. Aholá, Samaria, fue sistemáticamente infiel, y por tal razón sus «amantes» eran asirios. Esa particular referencia es la forma figurada de describir las decisiones de los monarcas israelitas en el norte de pagar tributos a Asiria y convertirse en vasallos de ese imperio (2 R 15.19-29; 17.1-4). Los tratados internacionales con los asirios son vistos por Ezequiel como actos de infidelidad y deslealtad. La referencia a los guerreros vestidos de púrpura describe el uniforme de los ejércitos asirios (v. 6).

La crítica al pueblo es intensa, pues se le compara con una prostituta que nunca dejó de actuar de forma impropia, desde que estaba en Egipto (v. 8). Esos actos de prostitución son las prácticas idolátricas del pueblo ante las divinidades de Asiria. A la postre, los ejércitos asirios destruyeron totalmente a Samaria en el 722-721. ¡Las alianzas con las potencias extranjeras tenían el potencial real de destrucción nacional!

El profeta se mueve en los versículos 11-21 a los actos de Judá, relacionados figurativamente con la hermana Aholibá. Según Ezequiel, las experiencias desagradables y anárquicas del reino del norte no fueron suficientes para impedir que Judá siguiera el camino del reino de Israel. Inclusive, Aholibá, aunque menor, era peor que su hermana, puntualizando de esa forma el profeta la gravedad de la crisis en Judá. Sus tratados y confabulaciones con los asirios (v. 12; 2 R 16.7-9) y los caldeos o babilonios (vv. 14-17; 2 R 20.12-21; 24.2,17), como anteriormente ocurrió con los egipcios (vv. 19-21), ponían al pueblo en peligro mortal.

La referencia a las figuras de los caldeos en rojo alude a los uniformes de los soldados babilónicos. Los cinturones y turbantes describen parte de los uniformes de los generales. Y las referencias sexuales en el texto destacan lo grotesco e inhumano de la infidelidad religiosa (v. 20). Esa es la forma profética de burlarse de la imagen de poder que los egipcios proyectaban.

En los versículos 22-35 el profeta plantea las consecuencias de la infidelidad de Jerusalén. Una vez más se indica con claridad la naturaleza del mensaje: ¡La destrucción será total! El Señor la va a entregar a sus amantes, que en el pasaje representan a los babilonios, caldeos y asirios. La destrucción será absoluta, pues esos enemigos son jóvenes y fuertes, poseen equipo de guerra especializado, como caballos, carros, carretas, cascos y escudos (vv. 23-24). Pecod, Soa y Coa (v. 23) posiblemente son generales caldeos famosos por sus conquistas y estrategias militares.

El texto alude a una práctica común en Babilonia, especialmente cuando se sorprendía a alguna mujer en adulterio: «Te cortarán la nariz y las orejas» (v. 25). El profeta utiliza las imágenes de esas mutilaciones grotescas y bárbaras para poner de manifiesto la violencia de la destrucción y la desolación de Jerusalén. ¡El juicio divino le traerá al pueblo consecuencias desgarradoras!

La imagen de la copa de la ira (vv. 32-34) es común para describir el juicio divino (Sal 75.8; Is 51.17,22; Jer 25.15-17). El mensaje de Ezequiel es directo: las personas deben enfrentar las consecuencias de sus decisiones.

La sección final del mensaje (vv. 36-49) es una especie de reiteración temática tanto del juicio divino como de las causas de la ira del Señor. El juicio de Dios producirá una devastación total y absoluta en el pueblo. Las prácticas humanas que propiciaron esos actos divinos, son las siguientes: han cometido adulterio con ídolos malolientes, tienen las manos manchadas de sangre, contaminaron el santuario y profanaron el sábado. Y aunque la prioridad de la crítica profética se relaciona con lo religioso, la referencia a «las manos ensangrentadas» (v. 37) alude a las injusticias y la violencia en la comunidad.

Un componente importante del mensaje se relaciona con algunas de las antiguas prácticas de prostitución que describe el pasaje (vv. 40-45): divanes lujosos, mesas con incienso, aceite aromático, y el uso de brazaletes y coronas. Se presenta el ambiente donde se practicaban los actos religiosos y sexuales. El texto identifica también a los sabeos, que eran una tribu nómada procedentes del suroeste de Arabia.

24.1-27: Con la sección final de esta serie de mensajes de juicio llegamos al punto culminante de la palabra profética de Ezequiel. El propósito es justificar una vez más el juicio que llegará a Jerusalén, que ahora no es ya una posibilidad lejana, sino una realidad inminente. Las imágenes que usa el profeta revelan la intensidad del mensaje, ponen de relieve la crisis y destacan la naturaleza y extensión de la destrucción y devastación. Ya la ira divina se manifiesta con poder, y no hay oportunidad para detener la mano de Dios.

El mensaje de Ezequiel al final de esta sección puede dividirse en dos partes principales. La primera presenta el juicio divino con las imágenes de una olla hirviente (vv. 1-14). Posteriormente el mensaje toma una dimensión personal e íntima, pues se describen las acciones simbólicas del profeta a raíz de la muerte de su esposa (vv. 15-27). Estos dos temas se complementan, pues la fecha del mensaje señala la cercanía histórica del juicio divino a través de los ejércitos babilónicos.

En los versículos 1-14, vemos que la fecha dada por el profeta para ubicar históricamente este mensaje es el 15 de enero de 588, el día en que los ejércitos de Nabucodonosor comenzaron el sitio de Jerusalén (v. 2). La fecha es importante, pues pone de manifiesto que ya ha comenzado el juicio y es tarde para el arrepentimiento. Además, el texto incluye una orden concreta al profeta, quien ha de escribir el mensaje (v. 2).

En la parábola, la olla hirviente se relaciona con la ciudad de Jerusalén, la carne alude a sus habitantes, y el fuego para que se cueza la carne ha sido encendido por Babilonia. La metáfora es compleja: en la olla la carne se prepara (vv. 3b-5), aunque también la olla tiene corrosión (v. 6), lo que es una manera adicional de señalar el pecado de la ciudad.

La imagen de la olla vacía (v. 11) alude a Israel en el exilio, que también requiere purificación y liberación. Según el profeta, el Señor ha querido purificar la ciudad en diferentes ocasiones, pero el pueblo se ha resistido. En esta ocasión, el tiempo es de juicio, no de misericordia (v. 13). El Señor no tendrá compasión ni se arrepentirá, pues el juicio se fundamenta en la conducta y las acciones del pueblo.

Los pecados del pueblo se describen con imágenes de sangre y violencia (vv. 7-8). Se afirma que Jerusalén es una ciudad sanguinaria, lo cual manifiesta la violencia que se vivía dentro de sus muros. En la antigüedad, la sangre se vertía en tierra para cubrirla posteriormente (Lev 17.1-14; Dt 12.23-24; Gn 4.10-11; 9.4). En este caso particular se indica que la sangre se vertía sobre la piedra para presentar la irracionalidad e imprudencia de las acciones de los jerosolimitanos.

Con la afirmación «Te juzgaré conforme a tu conducta y a tus acciones» (v. 14), el profeta concluye toda una sección de juicios y advertencias que había comenzado en 20.4.

En los versículos 15-27 el mensaje deja de ser palabra distante para convertirse en experiencia personal del profeta. Dios le prohíbe terminantemente a Ezequiel que exprese algún signo de dolor o manifieste el luto por la muerte de su esposa, descrita como «la mujer que te deleita la vista» (v. 16). Con ese simbolismo, el profeta le indica al pueblo que ya no es momento de luto, o de expresiones externas de dolor, pues ha comenzado la destrucción y muerte irrevocable de Jerusalén. Las lamentaciones no se permiten, pues el pueblo merece el juicio y la devastación (vv. 20-24).

Los versículos 16-17 ponen en evidencia literaria una importante serie de costumbres funerarias en el Israel antiguo. El profeta debía evitar esas muestras de dolor para enseñarle al pueblo el resultado de sus conductas pecaminosas. El significado de la lección era la manifestación del juicio divino que se describe de forma gráfica (vv. 18-24). La destrucción llegará a filo de espada, y morirán adultos y niños. Y en medio de esa crisis, el profeta incentiva al pueblo exiliado a no manifestar públicamente el dolor y las angustias relacionadas con esa experiencia traumática de muerte.

La palabra final del profeta es que el día que se conozca a ciencia cierta la destrucción de la ciudad (vv. 25-27) finalizará su período de mudez. ¡«Un fugitivo» que escapó de la masacre llegará desde Jerusalén a Babilonia a traer las noticias! La destrucción del Templo y la muerte de su pueblo son signos concretos de que se ha hecho la voluntad divina. Entonces el pueblo sabrá que ha sido el Señor quien ha actuado.

Toda esta sección (Ez 20-24) tiene como tema básico el juicio divino, que se fundamenta en las acciones pecaminosas del pueblo. En ese contexto teológico, literario e histórico, es importante señalar la relación íntima que para el profeta tienen las prácticas idolátricas y las manifestaciones de injusticia social.

Para Ezequiel, el juicio de Dios llegaba como resultado de la infidelidad del pueblo. Esa infidelidad se manifestaba de manera concreta de dos formas básicas: mediante la adoración de ídolos, y a través de los actos de violencia social, política y económica. De esa manera se pone de manifiesto una teología del pecado que no está limitada a las prácticas religiosas del pueblo, sino que tiene muy claras e importantes dimensiones sociales, políticas y económicas. ¡El mensaje del juicio divino se relaciona y afecta todos los niveles de vida del pueblo!

2. Oráculos contra las naciones extranjeras (25.1–32.32)

Una característica literaria y teológica en los libros de los profetas es que contienen una sección dedicada a las naciones extranjeras. Tanto los profetas mayores (p.ej., Is 13-23; Jer 46-51), como los menores (p.ej., Am 1.1-2.3; Sof 2.4-15) incorporan en sus mensajes una importante serie de oráculos de juicio que pone de manifiesto una teología de alcance universal que afirma el poder divino no solo sobre Israel y Judá, sino sobre las naciones que les rodeaban.

Generalmente estas naciones son pueblos vecinos que tienen una historia de animosidad y enemistad con Israel y Judá. Estos menajes no deben haberse pronunciado ante ninguno de estos pueblos criticados y amenazados. Sin embargo, por tratarse de profecías contra sus enemigos, constituían una señal de esperanza para el pueblo de Dios.

Algunos de los propósitos de presentar estas denuncias proféticas pueden ser los siguientes: en primer lugar, se afirma al Señor como Dios de las naciones, no solo del Israel y Judá. Esta revelación ubica el señorío divino en un plano internacional, lo que no era parte las tradiciones religiosas de la antigüedad. Esa particular teología de la soberanía de Dios incluye la responsabilidad moral y ética que tienen las naciones ante el Señor. Inclusive, esta teología pone la voluntad divina en medio de las dinámicas diarias de los pueblos extranjeros. ¡Dios tiene la capacidad y el poder de utilizar a esas naciones paganas como instrumentos divinos para ejecutar su voluntad!

Un segundo propósito teológico en la incorporación de esa teología universalizante es comparar las divinidades extranjeras con el extraordinario Dios de Israel. Los actos de afirmación teológica de los sacerdotes, sacerdotisas y profetas paganos no son otra cosa que actos de soberbia y egoísmo humanos que son absolutamente rechazados por el Señor. Las divinidades de los pueblos vecinos de Israel son solo ídolos sin capacidad de comunicación ni poder para intervenir en la historia.

La tercera razón para incorporar estos oráculos de juicio en los mensajes proféticos es recordarle a Israel que estas naciones paganas no quedarán impunes ante la manifestación firme y transformadora de la voluntad de Dios. Israel recibirá el castigo por sus acciones fallidas y pecados; pero también las naciones paganas tendrán su merecido no solo por la idolatría sino, en ocasiones, por haber sido cómplices de los ataques al pueblo de Dios, o por haberse alegrado de las desgracias de Israel y Judá, particularmente en el período del exilio en Babilonia.

En el caso específico de Ezequiel, se presentan mensajes de juicio contra siete naciones que, con ese tradicional simbolismo numérico, representan a toda la humanidad (véase Dt 7.2). Desde la perspectiva de la estructura literaria y disposición temática de los oráculos del profeta, estos mensajes están muy bien ubicados entre las palabras de juicio a Israel y Judá, y las expresiones de restauración y renovación nacional. Los oráculos contra las naciones (Ez 25-32) constituyen la transición entre el tema del juicio divino (Ez 1-24) y los anuncios de resurrección y restauración nacional (Ez 33-48). Son una especie de preámbulo a la articulación del tema de la esperanza.

El mensaje a las siete naciones que sufrirán el juicio divino está expuesto de forma ordenada. Comienza con las naciones más cercanas y pequeñas (p.ej., Amón, Moab, Edom y Filetea), prosigue con pueblos más grandes e importantes en la geopolítica antigua (p.ej., Tiro y Sidón), para llegar finalmente a Egipto, que constituye la potencia más temida y grande del grupo. En la teología de Ezequiel, el juicio a estas naciones era símbolo de que Dios tenía el control sobre la historia, y esa afirmación era en sí un mensaje de esperanza y seguridad nacional.

Ezequiel: Un profeta extraordinario

a. Oráculos contra las naciones pequeñas: 25.1-17

25.1-7: El primero de los mensajes de juicio contra los pueblos extranjeros es contra Amón. Ubicados al este de Judá, específicamente en Transjordania, los amonitas eran uno de los enemigos tradicionales de Israel. La historia de las rivalidades y los choques nacionales se manifiesta con claridad en la época de los jueces (Jue 10.6–11.33), y persiste en el período de la monarquía (1 Sam 11.1-11; 14.47; 2 Sam 11.1; 1 Cr 19.1–20.3; 2 Cr 20.1-23).

Estos conflictos internacionales entre Amón y Judá llegaron a un punto culminante durante la crisis de los ataques de los ejércitos babilónicos a Jerusalén, cuando los amonitas «aplaudieron y saltaron de alegría» (v. 6). Los amonitas participaron de la destrucción de Judá y se alegraron de las desgracias de Jerusalén (véase p.ej., 2 R 24.2; Sal 35.21). Ese expediente de hostilidades y resentimientos se manifiesta en esta profecía de Ezequiel.

El mensaje profético es directo, sencillo y claro: el Señor «extenderá su mano» (v. 7), lo que es una manera de presentar y enfatizar el juicio divino. Amón va a ser derrotado y entregado a los pueblos del oriente —posiblemente a las tribus nómadas del este (Gn 29.1; Jue 6.33). Históricamente, sabemos que los ejércitos babilónicos conquistaron y destruyeron a Amón alrededor del año 570.

25.8-11: El turno le toca ahora al pueblo de Moab, también conocido como Seir, que estaba enclavado al este del mar Muerto y al sur de Amón. La destrucción será de tal magnitud que afectará a sus ciudades más importantes: Bet Yesimot, Baal Megón y Quiriatyín.

La naturaleza y extensión de la devastación se describe con la frase: «No quedará de los amonitas ni el recuerdo» (v. 10). La intervención divina hará que «desaparezcan de la historia». Tal es la intención de esa frase lapidaria: nadie les recordará.

25.12-14: La mano del Señor llegará con furor a Edom y herirá tanto a las personas como a los animales. El juicio divino llegará a sus ciudades más importantes, que quedarán en devastación y ruinas. Temán estaba al centro del país (Jer 49.7; Am 1.12), cerca de Petra, y las alusiones a Dedán se refieren a una tribu y región al sur de Edom (Ez 27.20; 38.13; Jer 49.8).

Como durante la época de esplendor del reino del norte Israel controlaba a este pueblo, Edom también participó de la destrucción de Jerusalén (2 R 24.2). Ezequiel describe esa actitud como «una venganza»

(v. 12), lo que constituye, ante los ojos del profeta, un delito o una culpa aun más grave ante Dios.

En las narraciones bíblicas, las relaciones entre Israel y Edom, representadas por Jacob y Esaú (Gn 25.21-34), se identifican tradicionalmente con la hostilidad, la violencia y los conflictos: ¡Son hermanos que mantienen una rivalidad continua y creciente! Esas relaciones de odios y resentimientos se describen en la literatura profética (Abd 1,21; Is 34; Jer 49.7-22; Am 1.11-12; Mal 1.2-5) y poética (Sal 137; Lam 4.21-22). Luego de la caída de Jerusalén, Edom tomó control y se adueñó de gran parte de la región del sur de Judá, los territorios desérticos del Néguev.

25.15-17: Filistea era la región que estaba junto al Mar Mediterráneo al oeste de la antigua Palestina o Canaán. A partir del siglo 13 a. C., grupos de filisteos, también conocidos como «pueblos del mar», llegaron a Canaán para asentarse y vivir en la región, y rápidamente se convirtieron en un factor de tensión.

Desde la época de los jueces ya se ponen de manifiesto las relaciones antagónicas y los conflictos entre los israelitas y los filisteos (p.ej., hubo serias dificultades con Samgar, Jue 3.31; con Sansón, Jue 13-16; y con Samuel, 1 S 7.7-14). Y aunque durante la época de David fueron derrotados (1 Sam 27; 2 Sam 8.15-18), durante los reinados de Saúl (1 S 13.3-14.23; 14.46; 17.51-53; 28.1-5; 29.1; 31.1-4) y posteriormente, en el período de la monarquía dividida (2 Cr 17.10-11), constituyeron una verdadera amenaza a la estabilidad nacional.

La crítica acérrima de Ezequiel se fundamenta en que los filisteos actuaron con conocimiento y alevosía contra Israel. ¡Por la enemistad antigua, intentaron destruir a Judá (v. 15)! Según el profeta, Dios mismo los exterminará y se vengará de ellos con el poder de su mano, con la manifestación plena de su ira (v. 17).

Los ejércitos babilónicos derrotaron a los filisteos antes de llegar a Jerusalén (entre los años 605 y 601), pero quizá pudieron reorganizarse antes de la conquista babilónica de Judá. Posiblemente, fundamentados en la venganza, trataron de aprovecharse de la derrota de sus rivales continuos, el pueblo de Israel.

La referencia a los quereteos es quizá una alusión a los filisteos (1 S 30.14). Junto a los paleteos, estos quereteos formaban parte de la guardia de honor del rey David, que vivió por un tiempo entre los filisteos cuando era perseguido por Saúl. Posiblemente procedían de Caftor o Creta (Jer 47.4).

b. Oráculos contra Tiro: 26.1-28.19

26.1-21: Los oráculos contra Tiro son intensos y vehementes. Incluyen profecías y lamentaciones para destacar el ambiente de juicio y la destrucción completa que el profeta desea afirmar. En este capítulo la devastación de Tiro se presenta en cuatro etapas básicas (vv. 3-6; 7-14; 15-18; 19-21). La fecha que se indica no es precisa, pues no identifica ningún mes en específico. Algunos estudiosos piensan que se trata del año 586.

Tiro era una importante ciudad fenicia ubicada en el mar Mediterráneo, cerca de las costas del actual Líbano. Durante el tiempo del ministerio de Ezequiel se había convertido en un centro de comercio internacional muy próspero que ponía de manifiesto el poder económico de Fenicia. En medio de las dinámicas políticas internacionales de la época, Tiro formaba parte integral de las alianzas militares, políticas y económicas contra Babilonia. Las relaciones de colaboración y apoyo mutuo con Egipto eran muy antiguas.

Las críticas proféticas a Tiro son importantes: en Amós, Tiro es culpable de venderle a Edom esclavos israelitas (Am 1.9); y Jeremías profetizó posteriormente su destrucción definitiva a manos de los ejércitos de Nabucodonosor (Jer 27.1-6), junto con Moab, Edom, Amón y Sidón. En esa tradición de mensajes proféticos de destrucción, Ezequiel también predice su fin.

Tiro fue sitiada durante trece años por los ejércitos babilónicos, y aunque la ciudad no cayó ni fue saqueada, salió de la crisis muy debilitada y frágil. Quizá el propósito fundamental del mensaje de Ezequiel es disipar toda esperanza de ayuda que pudiera venir de Tiro o de su importante aliado, Egipto. Además, tras la caída de Jerusalén, posiblemente Tiro se aprovechó de esa calamidad para su propio beneficio (v. 2). Finalmente la ciudad fue totalmente destruida y despojada por los ejércitos de Alejandro el Grande, luego de siete meses de asedio y sitio, en el año 332.

Para el profeta, el juicio divino será como un maremoto destructor (26.3-6). Las naciones enemigas se levantarán como un tsunami asesino que derribará sus muros y torres, símbolos de seguridad y protección.

El juicio será de tal magnitud que la ciudad quedará como una «roca desnuda», que es la imagen profética para referirse a la destrucción y devastación total y definitiva.

El juicio de Dios en esta ocasión se describe como el resultado amargo de una invasión enemiga, producto de una intervención militar destructiva (26.7-14). El profeta identifica específicamente al general babilónico, Nabucodonosor (v. 8), como el instrumento divino para ejecutar el juicio, con sus caballos, guerreros, estrategias bélicas y espadas. El poder del rey invasor se pone de manifiesto al llamarle «rey de reyes» (v. 7). Y la descripción de las actividades de guerra que se incluyen en este pasaje es de gran importancia bíblica (vv. 8-12), por los detalles que incorpora y el énfasis que presenta.

Como la predicción de Ezequiel es segura, al mensaje de destrucción y juicio se añade un lamento fúnebre (26.15-18). La destrucción de Tiro se conocerá en los foros internacionales, y los monarcas reaccionarán con pánico, temor, asombro y dolor ante sus ruinas. El cántico enfatiza los cambios radicales que ha traído la destrucción de la ciudad: el poder y esplendor se convirtió en debilidad y dolor (vv. 17-18). La caída de Tiro es un claro signo y símbolo de la destrucción total que puede traer el juicio de Dios.

La sección final del capítulo (26.19-21) reitera el mensaje de juicio y destaca el tema de la destrucción total de la ciudad, que no será repoblada. El ambiente psicológico del oráculo es fúnebre; su entorno emocional es de muerte. El propósito del profeta es presentar una vez más la destrucción definitiva de la ciudad de Tiro como la defunción de una persona cuyo cadáver desciende a la fosa, al lugar de los muertos, a «lo más profundo de la tierra» (v. 20).

27.1-36: Los mensajes contra la ciudad de Tiro continúan. En esta ocasión la palabra profética toma la forma de «canto fúnebre» (v. 2) y presenta la destrucción o muerte de la ciudad como una nave que va a la deriva y se hunde (vv. 32, 34). La imagen posiblemente se relaciona con en contexto marítimo de una isla y con la importancia comercial que sus embarcaciones le brindaban a la ciudad.

Un detalle de gran importancia teológica es la identificación del orgullo y la soberbia nacional como fundamento del juicio divino (vv. 3-4). Las pretensiones de hermosura, perfección y dominio se convirtieron en la base de actitudes llenas de prepotencia y arrogancia, que Dios rechaza tanto en el pueblo de Israel como en las naciones extranjeras. El mensaje profético tiene un peculiar tono de burla y rechazo.

El pasaje incluye una serie de detalles en la construcción de embarcaciones antiguas (vv. 4-7). El propósito es identificar las buenas relaciones que tenía la ciudad de Tiro en el marco internacional, y destacar su poder comercial y el militar. ¡Tiro era una potencia económica y bélica! Sin embargo, con todo su poder, no pudo detener el juicio divino que ya le llegaba.

El mensaje de juicio divino contra la ciudad de Tiro consta de tres partes básicas: la sección primera pone de manifiesto la belleza del barco y el valor de sus tripulantes (vv. 1-10). La finalidad primordial es poner en justa perspectiva la grandeza de Tiro, para posteriormente resaltar el juicio divino. En respuesta al esplendor y el orgullo de la ciudad, se levanta un manto de dolor y destrucción.

El monte Senir (v. 5) es parte de la región montañosa del Hermón, que era famosa por sus hermosos cedros y pinos. La región de Basán (v. 6) estaba al este del mar de Galilea, y era famosa por sus tierras fértiles, ganados y bosques de encinas (Ez 39.18; Am 4.1). Elisá (v. 7) posiblemente es una antigua ciudad de Chipre, aunque su ubicación precisa se desconoce. Sidón, Arvad y Guebal (vv. 8-9) eran importantes ciudades fenicias. Y la referencia a los hombres de «Persia [el actual Irán], Lidia [en el Asia Menor] y Fut [o Libia, en el norte de África]» (v. 10) muestra el ambiente cosmopolita de la ciudad y sus habitantes.

En la segunda sección del capítulo 27 (vv. 11-25a) se identifican las naciones que comerciaban con Tiro y, además, se presentan las mercaderías que transportaba la marina mercante de la ciudad. Era una forma de afirmar que Tiro no solo tenía capacidad comercial, sino que poseía la tecnología adecuada para llevar su cultura hasta algunos lugares distantes del mundo antiguo. Tarsis (v. 12) era un lugar remoto y distante en el mar Mediterráneo, quizá en las costas de España.

Toda esta sección tiene el propósito de ubicar a Tiro como una potencia económica importante: ¡Poseía y mercadeaba plata, hierro, estaño y plomo (v. 12)! Esos eran metales muy importantes en la industria de la guerra. El relato revela, además, que el profeta tiene un conocimiento profundo de las dinámicas comerciales de la época.

Desde la perspectiva geográfica, la identificación de lugares va desde el oeste hacia el este, lo que es una especie de respuesta a las rutas de los ejércitos babilónicos que llegaban a Palestina, que se movían del oeste al este y del norte al sur. El tema de la seguridad nacional se incluye al identificar soldados de diversas regiones (p.ej., los de Arvad y los de Gamad; v. 11). Y las referencias a las mercancías que se transportaban (vv. 22-24) revelan la condición económica de la ciudad de Tiro.

Los pueblos identificados son los siguientes: Grecia (en el Mediterráneo), Tubal y Mésec (en Asia menor), Bet Torgama (al este del Asia Menor), Roda (quizá una tribu árabe en Edom), Jelbón (al noreste de Damasco, famosa por sus vides), Arabia y Cedar (tribus beduinas en el desierto de Arabia), Sabá y Ragama (en la Arabia meridional), Jarán (en Mesopotamia), Cané y Edén (respectivamente, al sureste y sur de Jarán), Asiria (Asur estaba al sur de Nínive), y Quilmad (posiblemente en algún lugar de Mesopotamia).

La parte final del capítulo vuelve al tema del naufragio (v. 27) para afirmar la naturaleza de la catástrofe, y también para presentar el dolor de la comunidad antigua ante la crisis de Tiro. El juicio divino ha llegado sobre Tiro y las calamidades relacionadas con la ira de Dios son extraordinarias. La referencia «al viento del este» (v. 26) como fuerza destructora es una imagen común para describir la ira divina (Sal 48.8).

Para enfatizar la agonía de quienes estaban en la embarcación, Ezequiel presenta en poesía las reacciones de los marineros, timoneles, comerciantes, soldados y tripulación. La imagen es de muerte, desesperación y agonía: gritos, temblores, deserciones, llantos, amargura, muestras de luto, gemidos, quejas, horror, miedo... En efecto, el profeta brinda la palabra final: «¡Tu fin ha llegado!» (v. 36).

28.1-19: El mensaje contra Tiro todavía no termina. En esta ocasión la palabra profética se dirige, en representación de sus ciudadanos, al rey de la ciudad, que probablemente es Itobal II —quien, según el antiguo historiador Josefo, era el monarca de Tiro durante el período de sitio y destrucción de Jerusalén y Judá.

Un elemento importante en la crítica al monarca de Tiro es su percepción de que era divino (v. 2). Decía, sin temores ni complejos, «Yo soy un dios». Este es un buen ejemplo de cómo la arrogancia, el orgullo y la temeridad generan actitudes irracionales y descabelladas de idolatría e infidelidad. Ese rey no es más sabio que Daniel (v. 3) —lo que es una alusión a la fama que tenía ese personaje como sabio antiguo.

Ezequiel: Un profeta extraordinario

Las formas de describir al monarca, y también las alusiones a sus decisiones y actividades, son similares a las profecías que contra el rey de Babilonia se incluyen en los mensajes de Isaías (Is 14.12-14). Ambos son severamente criticados por mantener una actitud de autosuficiencia que ofendía a Dios.

Según el mensaje de Ezequiel, el instrumento divino para poner en marcha el juicio contra Tiro eran «extranjeros», «los más feroces de las naciones» (v. 8). Esa es posiblemente una referencia poética a los ejércitos de Nabucodonosor, que eran famosos y temidos en la antigüedad por sus violentas tácticas de guerras, inmisericordes y sanguinarias, y también por la destrucción total de las naciones conquistadas.

El rey de Tiro, aunque se imagine ser un dios, morirá en manos asesinas, como un simple mortal, como los incircuncisos. De esa forma el profeta degrada radicalmente las pretensiones divinas irracionales de un monarca engreído, vanidoso, presuntuoso, prepotente, arrogante y orgulloso.

La conclusión de los mensajes de juicio a Tiro (28.11-19) incorpora un tipo de cántico fúnebre que presenta la muerte del monarca. El tono del poema es posiblemente de burla y sarcasmo, pues alude y representa lo que quizá el rey pensaba de sí mismo. Las imágenes del monarca son de idealidad y perfección (p.ej., hermosura, sabiduría, orgullo, vanidad, arrogancia y esplendor), y se contraponen radicalmente a la realidad de destrucción, caída, dolor y vergüenza.

El principal pecado del rey de Tiro consistió en que, por sus éxitos comerciales, se llenó «de violencia», lo que es una manera bíblica de acentuar la injusticia social. Por esa razón moral ese monarca engreído fue echado del Monte de Dios, que representa la presencia divina y, que en este contexto, alude claramente al juicio del Señor. La palabra final al monarca es reiterativa y firme: ¡Has llegado a un final terrible, y ya no volverás a existir! (v. 19).

El trasfondo cultural de este pasaje no debe ignorarse. Quizá tenemos aquí un antiguo tipo de relato de creación (similar al de Gn 2-3), en el cual el pecado principal no es la desobediencia humana, sino el orgullo y la vanidad. El humano fue colocado en un ambiente ideal, en medio de piedras preciosas, pero como consecuencia del pecado es arrojado del paraíso por un querubín o agente divino de importancia. El poema contrasta la actitud irreprochable del humano antes de que «la maldad hallara cabida» en él (v. 15).

c. Oráculo contra Sidón: 28.20-26

Esta sección incluye un breve pero importante mensaje de juicio contra la ciudad de Sidón, ubicada a unos 40 kilómetros ó 25 millas al norte de Tiro. Ambas ciudades constituían el centro económico de toda Fenicia y competían por la hegemonía comercial. Luego del sitio a Tiro por las tropas babilónicas, Sidón cobró gran importancia como eje económico de la región.

La inclusión de Sidón entre las ciudades que recibirán el juicio divino se debe, posiblemente, a su asociación tradicional con Tiro, y al propósito literario y teológico del profeta de presentar mensajes de juicio a siete naciones.

Los versículos 25-26 presentan un mensaje de esperanza y restauración para Israel, que es una especie de conclusión a toda la sección de juicio a las naciones. El propósito es indicar que el exilio finalizará y que la gente deportada de diversas naciones regresará a Jerusalén. La referencia a la santidad revela las preocupaciones sacerdotales del profeta (v. 25), y la alusión a la seguridad nacional y a la prosperidad pone en evidencia la finalidad restauradora de la voluntad de Dios.

d. Oráculos contra Egipto: 29.1–32.32

Con estos oráculos de juicio contra Egipto y sus monarcas culmina el grupo de mensajes contra las naciones vecinas de Israel. Se trata de un grupo de siete mensajes proféticos cuyas fechas los relaciona mayormente con la crisis del sitio y los meses posteriores a la derrota y devastación de la ciudad de Jerusalén (la excepción es Ez 29.17, que se ubica en el año 571). El contexto general del mensaje es el intento del faraón egipcio Jofra de intervenir en las políticas internas de Judá, al incentivar y apoyar una rebelión contra Babilonia.

29.1-16: El primer mensaje contra el faraón egipcio es firme y decidido. Sigue la tradición de los oráculos dirigidos a otros monarcas, que identifica la arrogancia y el orgullo como sus males mayores. En este caso, el faraón se había proclamado «creador», del río Nilo (v. 3), lo que es tener pretensiones divinas. Y por tal arrogancia será castigado por el Dios verdadero.

La fecha del oráculo es el 7 de enero del 587, unos siete meses antes de la caída de Jerusalén. Era un momento de tensión política e inestabilidad social, pues ya los ejércitos de Babilonia estaban rodeando la ciudad y se preparaban para destruirla con sus equipos bélicos y sus estrategias militares.

Al famoso y poderoso faraón de Egipto se le llama monstruo marino (v. 3), una manera de ridiculizarlo y degradarlo. El propósito profético es subestimar su autoridad y hegemonía, a la vez que se valora el poder divino y se destaca la capacidad que tiene el Señor para derrotar al faraón.

Las imágenes del poema son de conquista y triunfo: Dios mismo le pondrá garfios en las mandíbulas del faraón (v. 4), como símbolo de derrota y esclavitud. Además, el faraón será abandonado a su suerte en el desierto (v. 5), y cuando muera nadie lo enterrará. ¡Se lo comerán las bestias y las aves!

Las figuras que utiliza el profeta son de destrucción total (vv. 8-16). El fundamento del juicio divino es la arrogancia y la deslealtad del monarca, que traerá como consecuencia el reconocimiento pleno de que el Dios de Israel es el Señor de Egipto (v. 6). Esa aceptación se manifestará desde Migdol (posiblemente en el norte del país) hasta Asuán (en la primera catarata del Nilo) —una manera simbólica de referirse a todo el territorio egipcio. Los «cuarenta años» (vv. 11-12) representan un período suficiente como para asimilar las lecciones que Dios mismo quería presentar a Egipto. Patros (v. 14) era el nombre hebreo de la región egipcia entre El Cairo y Asuán.

29.17-21: Aunque en su forma actual el mensaje de los versículos 17-21 va dirigido a Egipto, posiblemente su destinatario original fue Tiro. La referencia al año veintisiete es la fecha más tardía que se incluye en todo el libro de Ezequiel, y coincide con los días en que Nabucodonosor levantó el sitio contra Tiro (c. 26 de abril del 571). La nueva interpretación del oráculo se cumplió varios años después, en el 568, cuando los ejércitos babilónicos atacaron y vencieron a Egipto.

El argumento del profeta es que aunque el sitio contra Tiro fracasó, Egipto recibirá una compensación o botín por su esfuerzo militar. Es de fundamental importancia notar que detrás de todos esos actos de Babilonia, tanto contra Tiro como contra Egipto, se mueve libremente la mano del Señor para ejecutar la justicia divina.

30.1-19: En este nuevo oráculo se revela un tema familiar en la literatura profética: la llegada inminente del día del Señor. Aunque no se indica específicamente que el mensaje se dirige al faraón, es posible que el pasaje bíblico incluya varios oráculos de juicio pronunciados contra Egipto. El poema es un lamento intenso por la manifestación precisa de la ira divina, por la llegada del juicio de Dios. El famoso día del Señor, que ya los profetas habían anunciado para Israel (p.ej., Is 2; Am 5.18-20; Sof 1; Abd 15), ahora se manifiesta con fuerza y vigor contra Egipto.

La primera sección del capítulo introduce el tema del día del Señor (vv. 1-9), luego se presenta la conquista de Nabucodonosor sobre Egipto (vv. 10-12), para terminar con la lista de las ciudades que serán testigos de la ira divina (vv. 13-19).

El día del Señor, en las enseñanzas proféticas, es la manifestación plena del juicio divino que llega con fuerza para implantar la justicia. Desde la época del profeta Amós es una referencia al momento en que Dios mismo derrotará a sus enemigos, en un futuro indeterminado. Posiblemente el origen de la expresión se relacione con las ideas de la «guerra santa», en la que los enemigos del pueblo de Israel —que también eran los enemigos de Dios— serían definitivamente derrotados. Ese triunfo militar produce en el pueblo gran alegría y satisfacción.

Siguiendo esa antigua teología militar, el profeta Ezequiel aplica la expresión y los conceptos relacionados con el «día del Señor» al juicio divino contra Egipto como enemigo del pueblo de Israel, lo que lo hace también enemigo de Dios. Como el propósito teológico del profeta es anunciar la destrucción de Egipto, las imágenes y los términos del poema son de angustia intensa y derrota: giman de dolor, pues el día nefasto se acerca; vendrá una espada contra Egipto y habrá heridos, saqueos y destrucciones. Hasta los pueblos aliados o sometidos por Egipto (p.ej., Etiopía, Fut, Arabia y Lidia) serán destruidos (vv. 2-8).

En los versículos 30.10-12 se indica con claridad que la destrucción de Egipto vendrá por mano de los ejércitos babilónicos, comandados por el famoso general Nabucodonosor, rey de Babilonia, descrito como el «más poderoso de las naciones» (v. 11). La destrucción será total, la devastación intensa y extensa.

El análisis sobrio del pasaje pone de manifiesto una vez más que el Dios de Israel, en la teología del profeta Ezequiel, es quien mueve a las potencias internacionales para que ejecuten su voluntad. La soberanía divina se pone en evidencia nuevamente, para que Israel y todas las naciones sepan quién es el Señor.

Ezequiel: Un profeta extraordinario

La destrucción en Egipto será general y llegará a sus ciudades más importantes (30.13-19). Entre las ciudades identificadas por el profeta se encuentran las siguientes: Menfis (situada a unos 24 kilómetros al sur de El Cairo), Patros (en la región entre El Cairo y Asuán), Zoán (ubicada al noreste del país; Is 19.11, 13; 30.4), Tebas (antigua capital de Egipto), Sin o Pelusiom (situada al occidente del delta del Nilo), On (antigua Hielópolis, al norte de Menfis), Bubastis (al suroeste de Zoán), y Tafnes (en la frontera occidental del bajo Egipto).

Con la mención específica de estas ciudades se pone en evidencia la extensión de la destrucción y la gravedad de la crisis. ¡Dios va a desatar su ira! ¡El Señor va destruir todos los ídolos de los egipcios! ¡Terminará el orgullo nacional de Egipto! ¡La destrucción será a filo de espada! ¡Hasta las mujeres irán en cautiverio! El propósito del profeta es presentar las consecuencias de la ira de Dios.

30.20-26: Aquí se incluye un cuarto mensaje de juicio contra Egipto. La fecha que se brinda es el 29 de abril de 587, justo unos meses antes de la caída y destrucción de la ciudad de Jerusalén. El ejército de faraón, que en otro tiempo fue conocido por sus victorias y hazañas militares, ahora es como quien «tiene el brazo roto» (v. 20) y está «herido de muerte» (v. 22). Está irremediablemente derrotado.

El propósito poético y teológico del profeta es poner los brazos quebrados y desfallecidos del faraón en contraposición con los brazos sanos y fortalecidos del rey de Babilonia. Una vez más se indica que el resultado final de la derrota egipcia será el exilio (vv. 23, 26). El Señor mismo le entregó la espada de la victoria al rey babilónico (v. 24).

31.1-18: Este nuevo mensaje de juicio contra el faraón y toda su gente —o sea, Egipto (v. 2)— es el quinto de la serie. Utiliza la imagen de los famosos cedros del Líbano para poner de manifiesto la superioridad de los ejércitos asirios en comparación con las milicias egipcias. Posiblemente el fundamento temático y teológico se revele en el poema inicial (vv. 2-9), para luego desarrollar las ideas del juicio divino en dos mensajes adicionales (vv. 10-14 y 15-18).

De la lectura atenta de las palabras proféticas se desprende una crítica muy seria a las pretensiones divinas de los faraones egipcios (véase también, en torno a este mismo tema, Is 14). La unidad temática del todo el pasaje se revela en la frase «faraón y toda su gente», que se incluye al comienzo del mensaje y al final (vv. 2, 18).

La profecía de los versículos 1-9 está fechada muy cerca de los días de la caída de Jerusalén (29 de abril del año 587), lo que revela de inmediato el contexto psicológico del profeta y también identifica el ambiente político y social, tanto en Babilonia como en Judá. El gran propósito teológico es afirmar con claridad que Egipto no puede detener el paso militar de Babilonia, arrollador y destructor.

Asiria, en el poema, es el árbol ideal plantado en el jardín de Dios en un ambiente maravilloso y paradisíaco. En la antigüedad algunos pueblos pensaban en la creación de la humanidad y de la naturaleza como un jardín ideal, un paraíso terrenal (Gn 1-3). Ezequiel destaca la grandeza de Asiria para posteriormente presentar su fragilidad ante Dios.

Al igual que Tiro, el gran problema de Asiria fue su orgullo y vanidad (v. 10). Por tal razón sobrevino su caída a manos de los babilónicos (v. 12). La imagen de derrota se describe con el verbo «talar» (v. 12), que revela la acción violenta de los vencedores. Los que triunfan son extranjeros crueles, en alusión a los ejércitos de Nabucodonosor, que tratarán a Egipto según sus propias maldades (v. 12). El propósito divino es impedir que, en lenguaje metafórico, los árboles vuelvan a llegar a las nubes, en clara alusión a las manifestaciones de orgullo personal y arrogancia nacional.

El mensaje culmina con una muestra de dolor y duelo por la derrota de Egipto, que se describe en términos de muerte (31.15-18). Las imágenes de los árboles se mantienen, y se ubican en el Edén, para contrastar el ambiente ideal y paradisíaco de la creación con las realidades de derrota y destrucción a manos de Babilonia. El pasaje presenta en forma poética los ritos de duelo y las lamentaciones por la derrota y muerte de un jefe de estado.

32.1-16: El sexto oráculo de juicio contra el faraón de Egipto se incluye en esta sección, en la que continúa el ambiente de duelo y dolor. El propósito teológico es reiterar la destrucción definitiva de Egipto, que obedece a la manifestación del juicio divino. Ya la destrucción de Jerusalén se consumó y el exilio en Babilonia es una realidad dolorosa, pues la fecha del mensaje es el 3 de marzo de 585.

El mensaje consta de dos partes básicas: en la primera (vv. 1-8) se incluye un poema que describe al faraón como un león o monstruo marino. Aunque se destaca su poder y valor, y también se enfatiza su autoridad y hegemonía, según el profeta el Señor le lanzará una red que lo atrapará y dejará inerte e impotente. Con esto se señala que la gran hegemonía egipcia es impotente ante las acciones de Dios.

La segunda sección (vv. 9-16) le aplica el mensaje de juicio al faraón de forma concreta. El rey de Babilonia ejecutará el plan divino sin piedad ni misericordia. Los crueles guerreros babilónicos se encargarán de derrotar a Egipto y también serán responsables de erradicar la soberbia del pueblo (v. 12) que, según el mensaje profético, es una de las causas fundamentales para que se manifieste con ira la justicia divina.

32.17-32: Para el oráculo séptimo y final contra Egipto se brinda la fecha del 27 de abril del 586. Una vez más se mantiene la nota luctuosa y se enfatiza el ambiente de dolor y muerte. Como otros pueblos poderosos y fuertes, Egipto sufrirá los avances violentos y destructores de los ejércitos enemigos. Para esa fecha, la destrucción de Jerusalén ya se había llevado a efecto.

El contexto psicológico del pasaje es la identificación de las naciones que ya están en el sepulcro esperando a Egipto. Esa dinámica literaria manifiesta el corazón teológico del mensaje: ¡El faraón de Egipto seguirá la misma suerte que el resto de las naciones derrotadas y destruidas! ¡Egipto transitará el mismo camino de muerte por el cual pasaron otras naciones!

Entre los pueblos que esperan a Egipto en la fosa, o el seol, están los siguientes: Asiria (v. 22), Elam (v. 24), Mésec y Tubal (v. 26), Edom (v. 29), los príncipes del norte (quizá sean algunos monarcas al norte de Siria) y Sidón (v. 30). Así se pone a Egipto junto al resto de naciones paganas que sufrieron el juicio divino por la arrogancia de sus gobernantes y el orgullo de sus habitantes. Aunque, en un momento de la historia, Egipto fue la potencia que representaba el terror, la autoridad y el poder en la región, ahora sufrirá el mismo castigo que el resto de esos pueblos idólatras que antiguamente sometían y oprimían, por ser los más débiles. (vv. 30-32).

Toda esta sección de juicio contra las naciones extranjeras repite y reitera el mensaje de juicio contra los pueblos vecinos de Israel. Aunque estos oráculos nunca fueron predicados fuera de los ámbitos nacionales, su propósito teológico es afirmar la esperanza del pueblo. En medio de un ambiente de crisis, muerte, destrucciones, exilios y deportaciones, los mensajes proféticos de juicio contra los enemigos de Israel se convierten en el fundamento de la esperanza nacional.

De singular importancia es el valor teológico que presuponen. El Dios de Israel es el Señor soberano de las naciones. Según Ezequiel, el Señor es quien utiliza a los ejércitos babilónicos para desenvainar la espada y ejecutar la voluntad divina. La fuerza que guía a los ejércitos conquistadores de Nabucodonosor es el poder divino, que manifiesta su ira y voluntad mediante las acciones bélicas de Babilonia. Esa percepción teológica es fundamental para comprender el mensaje de Ezequiel.

En ese entorno de juicio y destrucciones nacionales e internacionales, el tema del orgullo y la arrogancia ocupa un lugar central. Dios rechaza la vanagloria y la prepotencia humanas como pecados de importancia capital. Quizá la base para ese tan firme y decidido rechazo divino sea que nadie debe pretender ser como Dios. Detrás de la crítica profética a los monarcas y a los pueblos que se llenan de orgullo por sus logros y virtudes, está la convicción de que esa actitud arrogante esconde el deseo de ser igual a Dios, que es un pecado fundamental en la literatura profética.

3. Oráculos de restauración (33.1–39.29)

Con esta sección comienza una nueva etapa en la predicación de Ezequiel. Se incorpora ahora el tema de la restauración de forma destacada y continua. Los mensajes sobre el juicio de Dios y los oráculos sobre la ira divina ceden el paso a una nueva etapa en la vida y ministerio de Ezequiel. Las nuevas posibilidades de vida surgen de forma grata después de la destrucción de Jerusalén. Lo que parecía la sentencia de muerte se convierte ahora en esperanza y futuro. Lo que se pensaba constituía la derrota definitiva del pueblo, se convirtió en el fundamento espiritual y educativo de su futuro restaurado.

Con la caída de Judá y Jerusalén, el profeta cambia radicalmente la naturaleza de sus discursos y mensajes. Como su profecía es contextual —es decir, responde a las realidades concretas del pueblo— el tema de sus mensajes pasa ahora del juicio por el pecado a la restauración educativa. Según Ezequiel, el propósito divino es construir una nueva comunidad que sea capaz de vivir a la altura de los reclamos éticos, religiosos, espirituales, legales y morales de Dios. De la crisis del exilio, surge un Israel restaurado, transformado, redimido y renovado.

Ezequiel: Un profeta extraordinario

El movimiento temático del profeta se articula en dos etapas básicas. En primer lugar (Ez 33-39), se anuncia una nueva misión que se le brinda al profeta (Ez 34), una nueva etapa en su misión como vocero de la palabra de Dios (véase Ez 1-3). Los mensajes del profeta se orientan ahora hacia la purificación y restauración nacional (Ez 34-37). Ezequiel imagina la resurrección futura de Israel (Ez 37). El tema de la purificación continúa hasta llegar, en un lenguaje figurado y poético, a la guerra final de transformación absoluta y general (Ez 38-39). La finalidad es liberar al pueblo de todos los actos de infidelidad que produjeron los juicios. El propósito teológico es poner de manifiesto la limpieza radical que liberará a Israel de las influencias extranjeras que impiden la expresión plena de la santidad. Entonces, Dios revelará su gloria.

Estos mensajes de transformación y renovación preparan el camino para la segunda gran sección de esta parte final del libro, su revelación magna: la extraordinaria visión del Templo renovado (Ez 40-48). Cuando se pensaba que la destrucción de la ciudad de Jerusalén y la deportación del liderato nacional constituían la sentencia de muerte del pueblo de Israel, el profeta presenta la palabra de esperanza. La revelación final de Dios al pueblo no es el juicio destructor, sino la educación transformadora.

a. Segunda misión del profeta: 33.1-33

El tema que inicia los procesos de transformación en el mensaje del profeta Ezequiel se relaciona íntimamente con su sentido de vocación, con el corazón de su llamado. Los mensajes de advertencia y de juicio cambian como respuesta a las realidades políticas y sociales del pueblo, particularmente en Jerusalén. El juicio ya se manifestaba y la palabra del profeta debía transformarse en renovación y futuro.

En los versículos 1-9 una vez más se le da al profeta su encomienda. Su misión es ser centinela del pueblo (v. 7). Su labor profética debe enfatizar la vigilancia, el anuncio preventivo. El futuro del pueblo y la seguridad nacional dependen de la labor eficaz del centinela, que en esta ocasión se relaciona con el ministerio de Ezequiel.

El análisis del pasaje revela los paralelos con el llamado anterior (Ez 3.16-21). En primer lugar, se llama al profeta a cumplir la labor de centinela en momentos de crisis nacional, en tiempos de guerra (v. 2). El profeta debe actuar con la responsabilidad del centinela que «toca la trompeta» (v. 3), o llama y advierte al pueblo del inminente peligro.

Ezequiel y Daniel

La nueva responsabilidad de Ezequiel es advertir, y el pueblo es responsable por sus decisiones. Se salvaría si respondiera positivamente al mensaje del centinela, pero si ignoraba la advertencia podía morir como resultado de sus propias acciones o inacciones. El profeta es responsable de cumplir su tarea, de advertir con tiempo al pueblo del peligro; el pueblo, por su parte es responsable absoluto de su respuesta al llamado del centinela (v. 6).

En la presentación de este llamado a ser centinela del pueblo, la narración no incluye las advertencias y las palabras dirigidas a las personas justas que pueden salvarse. ¡Ya el tiempo de la salvación ha terminado! Toda la ciudad recibirá el juicio divino y será testigo de la ira de Dios.

Nuevamente los temas de la responsabilidad personal e individual y de la justicia divina florecen en el temario profético de Ezequiel (33.10-20; véase Ez 18, y también 11.14-21; 14.12-23). Cada cual es responsable de sus acciones y decisiones. El propósito teológico del pasaje es enfatizar la posibilidad de salvación y liberación del pueblo. Responde el profeta en esta sección a la gran pregunta existencial: ¿Cómo podremos vivir? (v. 10).

Dios no se alegra con la muerte de las personas malvadas ni disfruta la destrucción de las naciones infieles. Para enfatizar esa actitud divina de restauración, se utiliza con insistencia el verbo de gran importancia teológica «regresar» o «convertirse» (vv. 11, 12, 14). Esa expresión muestra el propósito redentor del mensaje profético. El corazón de la revelación divina se incluye en la nueva comisión de Ezequiel a ser centinela: ¡El pueblo de Israel debe convertirse de su conducta perversa y malvada! (v. 11).

En los versículos 21-33 se le anuncia al profeta Ezequiel la caída de Jerusalén, mientras estaba exilado en Babilonia. La noche anterior a que el mensajero —que posiblemente había escapado de las matanzas y destrucciones— le diera las malas noticias de la conquista y destrucción de la ciudad, ya habían comenzado los mensajes simbólicos: el profeta se había quedado mudo (v. 22), aunque posteriormente recuperó el habla.

El entorno teológico e histórico del mensaje es el siguiente: los judíos que se habían quedado en Jerusalén —es decir, los que no habían sido deportados a Babilonia— pensaban que eran superiores a quienes habían sufrido la experiencia del exilio. Creían que tenían más virtudes que Abraham, pues ellos eran muchos y el patriarca solo uno (vv. 23-24).

Ezequiel: Un profeta extraordinario

Ezequiel responde con autoridad profética, y les recuerda la razón del exilio. No pueden «poseer la tierra», pues son culpables de la infidelidad e injusticia que fueron las causas reales que motivaron el juicio divino que desembocó en el exilio. La sentencia profética es que morirán tanto los que estén en la ciudad como los que permanezcan en los campos. El juicio divino llegará a donde estén. El país quedará desolado, destruido y en ruinas.

La palabra final al profeta es de advertencia personal (33.30-33). Al pueblo y sus líderes les gustaba visitar con cierta regularidad al profeta para escuchar sus mensajes, quizá porque se cumplían generalmente. Se acercaban en grupos, pero no ponían en práctica la palabra divina que anunciaba el profeta. Para ellos, Ezequiel era como un «cantor de amores» —una manera figurada de indicar que sus palabras halagaban los oídos de los visitantes, pero no producían efectos transformadores. En vez de cambiar sus actitudes de procurar ganancias injustas (v. 31), solo escuchaban la «voz hermosa» del profeta (v. 32), sin buscar cambios.

b. El buen pastor y sus ovejas: 34.1-31

El mensaje profético en torno a los pastores y las ovejas tiene dos secciones principales. En primer lugar, Ezequiel presenta una denuncia intensa de los «los pastores de Israel» (v. 2) —en clara alusión a los gobernantes— por no cuidar los rebaños y ocuparse solamente de ellos mismos (vv. 1-10). La segunda parte (vv. 11-31), presenta el nuevo plan del Señor: En vista de las malas acciones de esos pastores impropios e irresponsables, Dios mismo pastoreará a su pueblo, y también les podrá al frente un nuevo pastor, un nuevo David que sea capaz de cumplir la voluntad divina.

34.1-10: La imagen del líder político y religioso como pastor es común y muy antigua en el Oriente Medio. Los reyes y gobernantes se referían a sí mismos como «pastores del pueblo», y de esas tradiciones ancestrales la Biblia se hace eco (véase Jer 2.8; 10.21; 25.34-35; Zac 11.4-17). Como pastores de la comunidad, las responsabilidades básicas de los monarcas incluían alimentar bien y proteger al rebaño, rechazar y destruir a quienes quisieran dañar o herir a las «ovejas» y defender los derechos de las «ovejas» más débiles —la gente más necesitada (p.ej., extranjeros, huérfanos y viudas).

Para Ezequiel, los pastores de Israel no habían cumplido adecuadamente con sus responsabilidades. Inclusive, les acusa de solo cuidarse a ellos mismos (v. 2), y de haberse aprovechado del pueblo. La crítica es intensa y muy seria, pues en respuesta a esas actitudes irresponsables las ovejas se dispersaron (v. 5) —es decir, el pueblo se desorientó, pecó y rechazó la voluntad divina. ¡Dios mismo está en contra de tales pastores (v. 10)!

Algunas de las prácticas impropias de los pastores se incluyen en el pasaje, y llegan a su punto culminante cuando se indica que trataron al rebaño con crueldad y violencia (v. 4). Por culpa de esos malos pastores el pueblo está en grave peligro de muerte (v. 5), a merced de las fieras salvajes. Hacer violencia contra las ovejas es servirse de ellas y no procurar su bien; es utilizarlas para beneficio propio.

34.11-31: La imagen de pastor adquiere dimensión nueva en esta sección del mensaje de Ezequiel. Ahora Dios mismo se presenta como el pastor del pueblo, pues ya no puede confiar en los pastores humanos. Esa nueva imagen, del Dios que es también pastor, está fuertemente presente en las tradiciones bíblicas, tanto en el Antiguo como en el Nuevo Testamento (p.ej., Sal 23; Is 40.11; Jer 31.10; Jn 10.1-18).

La sección 34.11-16, escrita en una magnífica prosa poética, describe las acciones divinas como pastor. La idea es presentar al Señor como el pastor modelo. Dios es el pastor ideal. Ese pastor se ocupará de apacentar al rebaño, lo llevará a descansar, buscará a las ovejas perdidas, recogerá a las extraviadas, vendará a las heridas, fortalecerá a las débiles y, finalmente, exterminará a las gordas y robustas (vv. 15-16). Sus acciones revelan respeto por las ovejas y responsabilidad en el desempeño de sus funciones.

En este contexto literario, teológico y profético, la imagen del pastor se relaciona con las experiencias del destierro en Babilonia. El pastor bueno cuida a las ovejas, se preocupa particularmente de las que están dispersas, y las rescatará. Esa imagen de pastor salvador se aplica a las «ovejas» que estén esparcidas por las naciones (v. 12), en clara referencia al exilio. El mensaje es que el pastor las llevará de regreso y las apacentará en los «montes de Israel» (v. 13) —una manera poética de aludir al retorno del pueblo a la Tierra Prometida.

El tema de Dios como pastor continúa en 34.17-24. En esta ocasión, sin embargo, se destacan las actividades divinas relacionadas con los temas de la justicia (v. 16). El contexto teológico del pasaje es jurídico:

el Señor juzgará las ovejas y tendrá la capacidad de distinguirlas. Las separará entre buenas y malas, entre carneros y chivos, entre gordas y flacas. Rechaza así las actividades de quienes se benefician injustamente de las «ovejas débiles», o de los sectores más vulnerables y frágiles del pueblo.

Para llevar a efecto esa tarea de liderato nacional se necesita un pastor especial. Para Ezequiel, ese pastor particular proviene de la dinastía de David (vv. 23-24) —lo cual es una manera de afirmar las tradiciones nacionales (2 Sam 7), aun en medio de las crisis relacionadas con la destrucción de las instituciones políticas y jurídicas en Judá y Jerusalén, y de las angustias sociales, económicas y religiosas del exilio en Babilonia.

El profeta está pensando en el David ideal, no solo en el personaje histórico de las narraciones reales y ancestrales del pueblo. Ezequiel alude a un tipo de monarca especial que sea capaz de representar adecuadamente la voluntad divina. En ese sentido, la figura de David es muy importante, pues el pueblo apreciaba su liderato y recordaba sus hazañas heroicas (véase p.ej., Sal 89.3, 4, 20; Jer 23.5).

Las iglesias cristianas han visto en el David modelo de este pasaje bíblico la figura de Jesús de Nazaret, quien cumplió cabalmente esas aspiraciones pastorales y de liderato relacionadas con la implantación de la justicia. Posiblemente tal teología se fundamente en que, según las narraciones del Nuevo Testamento, Jesús mismo aludió a este pasaje en el importante mensaje escatológico de las ovejas y las cabras (Mt 25.31-46).

En los versículos 34.25-31, basándose en las imágenes del pastor ideal, Ezequiel continúa el mensaje de restauración del pueblo de Israel. Como resultado de la labor extraordinaria de David —como el pastor que cumple con la voluntad divina— se implantará la justicia y se cambiará el ambiente de muerte en un contexto de paz y seguridad para las ovejas. Dios establecerá con las ovejas, o el pueblo de Israel, un «pacto de paz» —lo que equivale a decir que se implantará una alianza que traerá al pueblo prosperidad y bienestar (v. 25). Esa relación entre la obediencia al pacto o alianza y la prosperidad del pueblo proviene de la teología sacerdotal y de sus interpretaciones proféticas (véase Lv 26.3-12; Jer 33.14-33).

La idea general es que el contexto de muerte relacionado con las bestias feroces y los animales salvajes (v. 25) se transformará en un ambiente paradisíaco e ideal. Desde la perspectiva natural y ecológica, habrá abundante lluvia, la tierra será fértil y los árboles darán su fruto. Desde el ángulo político, Dios eliminará los yugos de opresión, liberará a los oprimidos de los tiranos y evitará las intervenciones extranjeras (vv. 27-28). ¡Las ovejas vivirán seguras y en paz en su propia tierra!

c. Las montañas de Israel: 35.1–36.15

El mensaje que sigue a la promesa del reino ideal de David es de maldición y juicio para los enemigos. En esta ocasión, la palabra profética es contra Edom, aludida en el pasaje como la montaña Seir (v. 3), pues en la antigüedad las montañas representaban a los pueblos que las habitaban. En este caso, la advertencia y el juicio contra Edom posiblemente representan también a todos los enemigos de Israel. A esta maldición le sigue una promesa de restauración nacional para el pueblo de Dios (vv. 8-12).

35.1-15: Aunque ya en el libro de Ezequiel se han incluido algunos mensajes contra el pueblo de Edom, el profeta ahora desea contraponer el juicio divino contra enemigo con la palabra de restauración para Israel. Mientras que quienes se burlaron de la desgracia de Jerusalén reciben ahora las calamidades relacionadas con la ira divina, el pueblo de Dios tiene esperanza, pues las palabras del profeta le anuncian una restauración futura.

El monte Seir, aunque alude específicamente en este pasaje al pueblo de Edom, es parte de la cordillera que está ubicada entre el mar Muerto y el mar Rojo, al oriente de Arabia. Y son dos cargos específicos los que el profeta le presenta: en primer lugar (v. 5), Edom participó activamente en la destrucción y devastación de Jerusalén, y se unió las calamidades que sufrió la ciudad. La segunda razón para la manifestación del juicio divino es que Edom codició el territorio de Israel (v. 10). La enemistad proverbial entre estos pueblos se hizo realidad.

En las narraciones de los patriarcas y matriarcas de Israel, Edom constituye la descendencia de Esaú, el hermano de Jacob (Gn 32.3). Según esas antiguas tradiciones la enemistad entre estos hermanos se manifestó ya desde antes de nacer (Gn 25.22-34), y esa dinámica de conflicto y resentimientos prosiguió por generaciones (Gn 25.12-14; Am

1.11). Un punto importante y neurálgico en esta historia de rivalidades y antagonismos fue la ocupación de Judá por parte de Edom (Jer 49.7-22).

El juicio a Edom será devastador. Las ciudades quedarán en ruinas, y los muertos estarán en las colinas, los valles, las ciudades y los ríos. Será una experiencia de agonía, desolación y destrucción total. Por haber desafiado al Señor, una clara muestra de la arrogancia e insolencia que manifestaban, recibirán el juicio divino.

36.1-15: A la profecía contra los montes de Seir le sigue un mensaje a los montes de Israel. Las dos palabras proféticas se relacionan entre sí, pues el juicio contra los enemigos de Israel es también el claro anuncio de restauración para el pueblo de Dios. La destrucción de los pueblos enemigos le presenta a Israel, que ya conoce el sabor de la derrota y ha vivido el sufrimiento del destierro, la posibilidad de restauración.

El mensaje, aunque comienza con las palabras contra las montañas de Israel, en clara referencia a sus habitantes, tiene realmente una finalidad esperanzadora (vv. 8-12). Es una palabra profética de reiteración y seguridad. Como los enemigos han deshonrado y se han burlado del pueblo de Dios, ahora le toca actuar al Señor en la implantación de la justicia, pues entiende bien por dónde ha pasado Israel en sus sufrimientos y desgracias. Les toca ahora a los enemigos recibir el castigo por sus acciones contra el pueblo de Dios.

La decisión divina de destruir a los enemigos de Israel es firme. El Señor lo asegura y lo jura con «la mano en alto» (v. 7), gesto que enfatiza el juicio y muestra la magnitud de la crisis.

d. Sanidad y restauración de Israel: 36.16-38

El mensaje de restauración nacional continúa. El profeta, junto a la recapitulación de los pecados tradicionales del pueblo, desea afirmar una vez más que Dios está interesado en la transformación y renovación nacional, con la finalidad de «defender su nombre» (v. 21) —una manera antigua de decir que defendía su integridad y razón de ser. En el Oriente Medio antiguo, el nombre era más que un distintivo semántico o una identificación familiar o personal. Era la representación más profunda e importante de quien lo llevaba. Dios desea defender su nombre para destacar su naturaleza santa.

La palabra divina llegó nuevamente al profeta para recordarle los pecados nacionales, que fueron la causa de la manifestación del juicio divino (36.16-21). Destaca el profeta los componentes religiosos de la iniquidad de quienes contaminaron la tierra con sus conductas impropias e impuras. Y como respuesta a tanta contaminación, llegó el exilio de Israel y su dispersión por las naciones.

Esas experiencias de exilio no liberaron al pueblo de sus actitudes de rebeldía y pecado. En las naciones en las que vivían, continuaron con la profanación del nombre santo de Dios —forma profética de presentar e indicar la tendencia idólatra de Israel.

La respuesta de liberación nacional y de restauración de Israel en esta ocasión no tiene que ver con algún gesto de arrepentimiento ni con alguna actitud del pueblo (36.22-32). Dios mismo reaccionará por amor a su nombre, con el propósito de santificar y afirmar la grandeza de su nombre (vv. 22-23). Como el pueblo ha profanado el nombre divino con sus actitudes idólatras, el Señor mismo ha de intervenir para restablecer y poner de manifiesto la santidad divina. Entonces, no solo el pueblo de Israel será restaurado, sino que las naciones paganas conocerán al Señor —lo que es una manera de indicar que reconocerán su poder y autoridad (v. 23). Esa restauración, según este mensaje de Ezequiel, se relaciona con el retorno del pueblo a su propia tierra, la Tierra Prometida (v. 24).

Parte del proceso de restauración es la purificación nacional, que incluye el retorno a la tierra de sus antepasados, la liberación de las prácticas religiosas impuras, y la bendición de la fertilidad y abundancia en la tierra (vv. 28-32). Para el profeta, esa importante dinámica transformadora requiere una especial intervención divina. Lo que realmente requiere el pueblo, para terminar, de una vez y por todas, con su comportamiento pecaminoso y adverso, es un nuevo corazón y un espíritu nuevo (vv. 26-27). ¡El corazón de piedra se hará de carne! Y el Espíritu divino vendrá en auxilio humano y hará posibles estas transformaciones indispensables (v. 27).

Las imágenes de transformación que presenta el profeta son importantes. El corazón es el asiento del pensamiento, del raciocinio y del amor. El profeta alude a una manera novel de enfrentar la vida con sus desafíos y aspiraciones. El espíritu nuevo se puede relacionar con las actitudes en la vida que le permiten al pueblo vivir de acuerdo con la voluntad de Dios.

Ezequiel: Un profeta extraordinario

La parte final de este mensaje (36.33-38) es el reconocimiento divino de la renovación y transformación del pueblo. Luego de las intervenciones restauradoras de Dios, los cambios en la tierra y en el pueblo se pondrán de manifiesto claramente. Las naciones vecinas sabrán que algo extraordinario ha sucedido, y también reconocerán que esos cambios son el producto directo de las intervenciones del Señor.

Este capítulo presenta un adecuado resumen de la teología de Ezequiel. Se pone en evidencia la importancia de la santidad, se rechazan los pecados idolátricos, se afirma la necesidad de una nueva actitud en la vida (p.ej. corazón y espíritu nuevos), y se celebra la renovación de la tierra y el retorno de los deportados.

e. Restauración del pueblo de Israel: 37.1-28

Con este capítulo llegamos a uno de los textos más conocidos de Ezequiel, y uno de los más famosos en la literatura profética. Se describe la visión del valle de los huesos secos. Luego de las promesas de restauración nacional, se presenta ahora una perspectiva novel de la resurrección del pueblo, que es una manera de aceptar la muerte de la nación y la capacidad divina para restaurarla.

El análisis del pasaje pone en clara evidencia que el profeta reconoce los resultados nefastos de la deportación y las derrotas militares, y también que afirma las virtudes extraordinarias de la intervención de Dios. El corazón del mensaje profético es que se revive a un Israel muerto y sin esperanzas (vv. 1-14), y ese acto divino de resurrección nacional tiene la virtud, inclusive, de hacer lo que no pudieron hacer los monarcas humanos del pueblo: la reunificación de las doce tribus (vv. 15-28). Esto es una vuelta al período ideal de la monarquía de David.

La mano del Señor llegó a Ezequiel y lo transportó a un campo de batalla, donde los cuerpos muertos abandonados se habían descompuesto sin que nadie los enterrara (37.1-14). El ambiente inicial es de guerra y muerte, de desesperación y destrucción, de angustia y dolor. En la antigüedad morir y quedar insepulto era una desgracia mayor.

El profeta es llevado por el Espíritu divino al lugar donde imperan el dolor y la muerte, para que pueda observar de primera mano las diversas dinámicas relacionadas con la desesperanza humana. Ese lugar de muerte y destrucción representa a los israelitas derrotados en Jerusalén y deportados a Babilonia. Quizá la visión sea una respuesta teológica y esperanzadora al proverbio fatalista que imperaba en el exilio: «¡Nuestros huesos se han secado! ¡No tenemos esperanza! ¡Estamos perdidos!» (v. 11).

El mensaje se articula en dos partes principales. En la primera se presenta la visión del profeta (vv. 1-10), y en la segunda se le interpreta (vv. 11-14). Es muy importante notar, en la presentación y análisis del texto, que el relato contrapone los huesos totalmente secos, que no tienen posibilidad de vida, con el Espíritu, viento o aliento de Dios, que posee el poder vivificador.

Esos huesos inservibles e incontables representan al pueblo de Dios en el exilio, que, en efecto, eran muchas personas. Solo el poder divino puede resucitar, restaurar, renovar, transformar a individuos y naciones. El mensaje del profeta es directo: Dios está muy interesado en cambiar las penurias de la deportación y el exilio por una experiencia de renovación nacional que sobrepase las expectativas humanas.

Aunque el pueblo no tenía esperanzas (v. 11), el poder divino puede cambiar el ambiente de muerte en un batallón militar lleno de vida. La virtud restauradora provino de los cuatro vientos (v. 9), que es una forma de afirmar la omnipotencia divina. El proceso fue gradual: huesos, tendones, carne, piel y espíritu. El profeta no alude a un acto de magia, sino que presenta un proceso restaurador en el que el aliento de Dios hará que unos cadáveres se conviertan en un ejército.

La interpretación de la visión (37.11-14) aclara el mensaje. El pueblo yace en las tumbas —es decir, en el exilio babilónico— pero, por la intervención divina, Israel dejará esos ambientes de muerte y cautiverio y regresará a la Tierra Prometida, a Jerusalén, para disfrutar la presencia divina y reconocer el poder redentor y restaurador de Dios.

Esta interpretación profética de la visión prepara el ambiente teológico para la articulación del próximo mensaje de Ezequiel, que alude a la reunificación entre Israel y Judá.

En 37.15-22, la palabra del profeta retoma nuevamente la metodología del simbolismo. En esta ocasión son dos varas las que usa Ezequiel para articular su mensaje. Una vara representa al pueblo de Judá, y la otra, a José y Efraín (v. 15-16). La primera alude al reino del sur y la segunda al del norte. La unión de las dos varas (v. 17) para que se conviertan en una sola en manos de Ezequiel es la afirmación definitiva de que Dios está interesado en la unión permanente de los dos reinos, cuya división, para los profetas, era clara señal de desobediencia a Dios.

Ezequiel: Un profeta extraordinario

La unión de los dos reinos en una sola nación es una especie de vuelta a la época de la monarquía unida, al período de David y Salomón. Para Ezequiel, ese período monárquico de la historia nacional era ideal, pues en esta época se construyó el Templo y se desarrollaron las tradiciones sacerdotales en las cuales se había criado.

Las implicaciones de la unidad en el pueblo son varias (37.23-28). En primer lugar, se llevarán a efecto transformaciones políticas, litúrgicas y religiosas de importancia. ¡Terminarán las contaminaciones idolátricas! Dios mismo les purificará y liberará para que no caigan más en actos de infidelidad (v. 23).

Además, se afirma en el mensaje que solo un pastor les guiará (vv. 22, 24), es decir, que tendrán un sólo gobernante, lo cual es la culminación de los procesos políticos, administrativos y económicos de la unidad nacional. Para el profeta, el rey ideal es David, y por ello su mensaje alude a la recuperación de la dinastía davídica, cuando culmine el exilio.

La palabra final del profeta se relaciona con el establecimiento de un nuevo pacto o alianza, que en esta ocasión se distingue por el elemento de la paz, e incluye la renovación del santuario o la reconstrucción del Templo. El mensaje de los huesos secos tiene gran importancia en la teología de Ezequiel, pues apunta a un proceso de restauración que afectará positivamente al pueblo, en sus niveles políticos y religiosos.

f. La visión de Gog: 38.1-39.29

Los mensajes finales de esta sección —una de las más célebres y complejas del libro— continúan los temas de esperanza para Israel mediante el juicio y destrucción de sus enemigos. En este caso, el profeta prosigue con la restauración previamente anunciada (Ez 37.26-28) para enfatizar la naturaleza de la intervención liberadora y salvadora del Señor. A la vez, estos capítulos contra esos enemigos extraordinarios y formidables del pueblo de Dios preparan el camino para la incorporación y el desarrollo definitivo de la teología de la esperanza en el libro del profeta Ezequiel (Ez 40-48).

El fundamental y muy necesario tema de la restauración nacional se ha presentado ya en términos históricos. El profeta responde teológicamente a la crisis del exilio con palabras esperanzadoras para el pueblo, que van desde la reconstrucción nacional hasta el juicio contra las naciones enemigas de Israel. Ahora el mensaje cobra niveles escatológicos, y se introduce una particular perspectiva teológica que tiene claros elementos y énfasis apocalípticos. La esperanza del pueblo se mueve de las dimensiones históricas a las cósmicas.

El tema que le brinda unidad teológica a la sección es el juicio recurrente contra un tal Gog, identificado en los mensajes como el líder de la alianza internacional contra el pueblo de Israel. Las palabras proféticas se presentan de forma gradual. En primer lugar, se describe la intervención de Gog contra el pueblo de Dios (vv. 1-16). La respuesta divina a esos ataques se introduce en la sección siguiente. ¡Es un contraataque divino formidable y redentor! (vv. 17-23). El triunfo del Señor se describe posteriormente en términos extraordinarios (Ez 39.1-16). ¡Es una victoria total y definitiva!

Esta serie particular de mensajes de esperanza escatológica finaliza con una especie de recapitulación de los principales temas de restauración ya expuestos por el profeta en los capítulos anteriores. De particular importancia teológica y sacerdotal en la conclusión es la incorporación definitiva de la manifestación de la gloria de Dios (vv. 17-29), que servirá de marco para los capítulos finales del libro (Ez 40–48).

La presentación de los temas expuestos revela algunas características teológicas y literarias que posteriormente se desarrollarán en la literatura apocalíptica, especialmente en el libro de Daniel y en el Apocalipsis de Juan. En esa literatura se describe y afirma la victoria de Dios, en representación de su pueblo, sobre un enemigo formidable que supera los niveles históricos. Esa victoria divina no solo es liberación y redención para Israel, sino que brinda esplendor al nombre divino y destaca también la capacidad del Señor de defender a su pueblo.

El propósito fundamental de estos mensajes apocalípticos es afirmar que Dios puede implantar la justicia no solo en medio de su pueblo, sino también en el plano internacional y cósmico. La gloria divina no está presente únicamente en medio del pueblo de Israel, sino que se manifiesta también con fuerza y vigor en las naciones paganas y en la creación toda de Dios.

En estos mensajes de restauración y futuro, Dios es el guerrero victorioso que llega en auxilio de su pueblo —lo que es un tema muy antiguo en la Biblia (Ex 14.14, 24-25). El banquete de las aves y las fieras (Ez 39.17) revela el interés escatológico del mensaje. El terremoto en toda la tierra (Ez 38.19) es una manera de indicar que hasta la naturaleza participa del proceso redentor de Dios. Y la manifestación de la gloria de Dios entre las naciones (Ez 39.21) afirma la soberanía divina en el entorno nacional e internacional. ¡Dios tiene la historia en sus manos! ¡El Señor salva y restaura definitivamente a su pueblo!

38.1-16: La identificación precisa de Gog en el pasaje es, en el mejor de los casos, compleja, confusa y extremadamente difícil. Aunque algunos estudiosos han tratado de identificar al enigmático Gog con el rey Gyges de Lidia, quizá una mejor interpretación del pasaje debe reconocer que se trata más bien de un nombre simbólico creado para rimar con Magog (o tierra de Gog), un país lejano y desconocido que para los antiguos israelitas estaba ubicado en el norte indeterminado y distante de Canaán (Gn 10.2). Posiblemente Gog, en este pasaje profético, es el líder de una coalición internacional que representa a todos las naciones enemigas del pueblo de Israel, que a la vez se convierten en enemigas de Dios.

Las referencias a las naciones revelan, más que un interés de precisión geográfica por parte del profeta, el deseo de afirmar la naturaleza internacional y universal de los enemigos de Israel. El rey de Magog, Gog, es también líder de una serie de naciones enemigas.

La referencia a Mésec es una alusión a la tribu «Musco» que vive al sur de Gómer en el Asia Menor, mientras que Tubal es la ciudad asiria Tabab, ubicada en el Asia Menor oriental (v. 2). Persia es la actual Irán, al noreste de Canaán (v. 5). Bet Torgama está ubicada al norte de Tubal (v. 6). La imagen indica que provienen del norte, de donde se pensaba provenía el enemigo de Dios (véase Jer 4-6; Jl 4).

El profeta también alude en el mensaje a otras naciones, para poner de relieve la naturaleza internacional y compleja de la coalición contra el pueblo de Israel. Etiopía (v. 5), al sur de Egipto; Fut (v. 5), parte de la actual Libia, al norte de África; Sabá (v. 13), al suroeste de la península arábica; Dedán (v. 13), al sur de Edom; y Tarsis (v. 13) que era un país o región indefinida al oeste del mar Mediterráneo.

El simbolismo de que las naciones se juntan para guerrear contra el pueblo de Dios es clásico en la literatura profética (véase Is 5.26-30; 8.9-19; particularmente Is 10.5-15; Sal 2; 48). Es una forma de presentar las complejidades políticas y militares internacionales, a la vez que se enfatiza el poder divino que puede vencer estas alianzas guerreras.

38.17-23: La respuesta divina a las acciones de las naciones no se hace esperar. Dios responde a la crisis con firmeza y autoridad. Y en el proceso usa la naturaleza, que funciona en este pasaje como parte del ejército divino. Es una teofanía donde se manifiesta el poder redentor de Dios en contra de Gog y sus ejércitos agresores. En la literatura bíblica esas teofanías son comunes (p.ej., Ex 19.16; 20.18; Sal 18.7-15; Is 24.17-19; Hab 3.1-15).

Dios convocó a las diversas fuerzas de la naturaleza para ejecutar su plan redentor. Un gran terremoto devastará la tierra y afectará adversamente la ecología (aves, peces, bestias y personas; v. 20). Finalmente, la anarquía interna (v. 21) y los acontecimientos catastróficos (peste, sangre, lluvias torrenciales, granizo, fuego y azufre; v. 22) constituirán parte de las estrategias del guerra del Señor contra Gog y sus ejércitos.

¡Se repiten en esta ocasión contra Gog los males que previamente el Señor había usado contra Israel (Ez 5-7)!

39.1-16: El capítulo final de esta sección de esperanza comienza de forma similar a la anterior. Una vez más el Señor se revela al profeta y le exhorta a profetizar contra el rey Gog (v. 1), que en estos mensajes simboliza las fuerzas antagónicas y enemigas del pueblo de Dios. Se manifiesta el poder divino sobre estas huestes enemigas, pues es ese poder el que mueve las fuerzas de Gog a ejecutar la voluntad de Dios.

La victoria será definitiva, pues Dios mismo destruirá las armas enemigas y derrotará no solo a los ejércitos de Gog, sino también a las tropas de las naciones aliadas que le acompañan. Morirán los enemigos combatientes, ¡y no habrá quien les entierre! Por esa razón, las aves del campo y las fieras salvajes se encargarán de devorar los cadáveres caídos en la guerra. No permitirá el Señor que su nombre sea profanado (v. 7), pues las naciones reconocerán al Señor como el Santo de Israel (v. 7) —alusión a Dios que le relaciona con la teología y las tradiciones del profeta Isaías (véase, entre otros textos, Is 1.4; 5.19,24; 10.17; 12.6).

El triunfo de Israel sobre estos ejércitos enemigos será una nueva manifestación de la gloria de Dios. Y para ilustrar la naturaleza y extensión de la victoria, el profeta indica que tomarán los instrumentos de guerra y los quemarán en una gran fogata. La referencia a los siete años de la hoguera revela que la victoria del pueblo de Dios fue final y definitiva, y también que las armas de guerra eran muchas. ¡El pueblo ya no tendrá que ir a buscar leña al monte! (v. 10).

El entierro de Gog será en el valle de los Viajeros —conocido también como el valle del ejército de Gog (v. 12)—, para no contaminar con cadáveres enemigos la tierra de Israel. ¡El entierro tomará siete meses!

(v. 12), lo que es una manera de simbolizar la magnitud de la victoria, de enfatizar la extensión de los daños y de destacar la multitud de los soldados muertos.

39.17-20: Continúan los mensajes de esperanza para el pueblo de Israel. El profeta llama a las aves y a las fieras a participar de un banquete extraordinario con los cuerpos de los guerreros valientes derrotados —y también de sus caballos de guerra— como si fueran carnes sacrificadas especialmente para los holocaustos. La imagen presenta una victoria definitiva sobre los enemigos del pueblo de Dios.

39.21-29: El mensaje final de esta serie de profecías de restauración se relaciona con el importante tema de la gloria de Dios. La victoria definitiva sobre Gog y sus ejércitos —que representan a todas las naciones enemigas del pueblo de Dios— es una revelación clara de la gloria divina. El profeta afirma con seguridad que esa manifestación liberadora de la gloria de Dios hará que el pueblo de Israel y las naciones extranjeras reconozcan el poder divino.

En el proceso de la revelación divina de su gloria, hay un elemento educativo de gran importancia. Se conocerá la razón verdadera del exilio del pueblo de Israel, que es la infidelidad a Dios (v. 23).

Sin embargo, esa manifestación extraordinaria del juicio divino no agota las posibilidades de Dios hacia su pueblo. A la postre el Señor cambiará la suerte del pueblo y tendrá compasión de Israel. Esa nueva realidad de liberación y renovación les hará olvidar sus infidelidades y vergüenzas, y serán objeto nuevamente de la manifestación de la santidad de Dios (v. 27), que está íntimamente relacionada con su gloria.

Toda esta sección del libro pone de manifiesto el tema de la restauración del pueblo de Israel. Es una manera de movernos de los grandes mensajes de juicio divino (Ez 1-24) a los oráculos relacionados con el nuevo Templo, al final de la obra (Ez 40-48). El objetivo teológico de esta sección es poner de manifiesto que Dios responde a las realidades concretas del pueblo. El juicio llega por el pecado nacional y la restauración es el resultado de la misericordia divina.

Las profecías contra las naciones vecinas son una manifestación del poder universal de Dios. El Señor tiene la capacidad de intervenir no solo en el presente y el futuro de Israel, sino con los de los pueblos paganos, que son instrumentos divinos para ejecutar su voluntad. Gog, el famoso rey del país de Magog, es el representante absoluto e ideal de todos esos enemigos del pueblo de Dios. Por esa razón el triunfo contundente contra ese monarca representa la victoria del pueblo de Dios contra los diversos enemigos que se le enfrenten.

Esa victoria de Israel le hace superar las dificultades del exilio y la deportación que equivale a una muerte nacional, cultural, política y religiosa. Aun en medio de esa muerte, puede el Señor manifestar su poder extraordinario y hacer que el pueblo resucite. El mensaje del valle de los huesos secos es una forma elocuente de afirmar esa gran doctrina teológica: aun en medio de las dificultades más adversas de la vida, que en ocasiones representan la muerte misma de pueblos e individuos, la gracia divina se manifiesta de forma radical y maravillosa para poner de relieve las virtudes de la resurrección.

4. El nuevo Templo y el culto nuevo (40.1–48.35)

El libro del profeta Ezequiel finaliza con una tónica ideal de restauración del culto. Ya desde esa primera afirmación se manifiestan las preocupaciones sacerdotales de las visiones que se incorporan en esta sección. El corazón del mensaje se relaciona con la importancia de que Dios regrese al Templo, tema que se expone con claridad meridiana al concluir la obra, pues el nombre propio de la ciudad de Jerusalén será: «Aquí habita el Señor» (Ez 48.35).

Toda esta visión final de Ezequiel, que continúa la metodología educativa que ya el profeta ha utilizado en todo el libro, describe el nuevo Templo de Jerusalén y presenta el nuevo culto que se debe ofrecer a Dios luego del regreso de los deportados y de la reconstrucción de la Casa de Dios. Lo fundamental para comprender efectivamente el mensaje de Ezequiel es la identificación de su propósito. Para el profeta el regreso de la gloria divina al Templo era un requisito indispensable para la bendición del pueblo.

El Templo descrito por Ezequiel no corresponde exactamente al que construyó Salomón, aunque lo toma muy seriamente en consideración. ¡Es un templo ideal y perfecto! Es una estructura religiosa cuya función primordial no es la construcción física de sus instalaciones, sino la identificación de lo que representa. Para que el Templo de Jerusalén cumpla cabalmente su función de ser casa de Dios y centro de las

Ezequiel: Un profeta extraordinario

oraciones del pueblo, tiene que recibir nuevamente la gloria divina. En estos capítulos Ezequiel nos presenta el regreso de esa gloria.

Aunque algunos estudiosos han relacionado estos capítulos con las revisiones, añadiduras e interpretaciones proféticas de algunos discípulos del profeta Ezequiel, una lectura cuidadosa de la sección muestra que toda la sección es parte integral del pensamiento teológico y propósito profético de Ezequiel. En estos capítulos (Ez 40-48) se cumplen las promesas que se hicieron anteriormente en torno a la restauración del Templo (Ez 20.40-44; 37.23-28). Para Ezequiel, además, el regreso de la gloria divina al Templo (Ez 43.1-5) completa el ciclo profético inaugurado al comenzar la obra (Ez 1-3; 8-11). Finalmente, la relación temática entre las diversas secciones del libro es evidente (p.ej., Ez 38-39 y 40-48). Esta es la tercera de las grandes visiones del profeta: Ez 1-3; 8-11; 40-48.

Mientras que en el resto la obra Ezequiel enfatiza la infidelidad del pueblo y la salida de la gloria divina del Templo, al final del libro se presenta la contraparte de esos mensajes: el retorno de la gloria divina. La finalidad teológica es presentar la relación ideal entre Dios y su pueblo, Israel. El propósito de la visión no es recomendar la construcción de una estructura similar, sino enfatizar la importancia del regreso de la gloria del Señor y sus implicaciones para la vida del pueblo.

a. La descripción del nuevo Templo: 40.1-43.22

La visión que le llega a Ezequiel se presenta en etapas. En primer lugar el profeta es llevado por Dios a Jerusalén para evaluar el Templo y contemplar el retorno de la gloria divina. El profeta debe estar muy atento a los detalles de la revelación, pues debe ser portavoz de esa revelación divina al pueblo. Esta visión es semejante a la que el profeta recibió junto al río Quebar, al comienzo de su ministerio (Ez 1-3). Pero en esta ocasión el profeta, en vez de contemplar la salida de la gloria del Señor, es testigo de su regreso.

40.1-4: La visión comienza con algunos detalles de gran importancia. El profeta es nuevamente llevado por el Señor en una visión extraordinaria a la ciudad de Jerusalén. La fecha es el 28 de abril de 573; es decir, ya han pasado varios años desde que comenzó el exilio, y los deportados comienzan a habituarse a las nuevas realidades sociales, políticas, económicas y religiosas de la deportación.

La referencia a los veinticinco años del exilio (v. 1) puede ser también una alusión velada a lo que, según la ley de Levítico, era la mitad del tiempo necesario para la celebración del año del jubileo (Lv 25). Quizá el profeta quiere indicar que ya la época de exilio está a mitad de camino, y el retorno y la restauración se aproximan.

Durante la visión, el profeta es llevado a un monte muy alto (v. 2). Posiblemente esto sea una referencia al monte Sión que, aunque físicamente no es muy elevado, desde la perspectiva teológica y espiritual es una cumbre extraordinaria, desde donde el profeta podía divisar toda la ciudad.

En la visión, además, se introduce un personaje particular, que «parecía de bronce» (v. 3) —lo que es una manera poética de destacar su naturaleza sobrenatural y extraordinaria. En la mano tenía unos instrumentos para medir —lo que revela su capacidad de evaluación crítica. Su misión era guiar al profeta en la visión. Se le indica a Ezequiel que debía estar atento a las palabras e instrucciones de este personaje, pues el profeta debería comunicar el mensaje posteriormente a todo el pueblo (v. 4).

40.4–42.20: En esta visión guiada por el mensajero divino, el profeta tiene la oportunidad de contemplar un nuevo Templo y parte de la ciudad: el muro alrededor del Templo, la puerta oriental, el atrio exterior, la puerta norte, la puerta sur, las puertas del atrio interior (al sur, al oriente y al norte), los anexos de las puertas, las habitaciones de los sacerdotes y el atrio interior. En efecto, el profeta está en una ubicación privilegiada, pues tiene una vista panorámica de la ciudad, particularmente del Templo. Esa visión general le permite identificar áreas particulares de la estructura que desea destacar. Puertas como las que se describen en la visión se han encontrado en las ciudades antiguas de Guézer, Megido y Jazor, y pertenecen a la época de Salomón (1 R 9.15).

De esa forma se prepara el ambiente para la revelación al profeta. El personaje que guiaba a Ezequiel por todo el edificio tomaba medidas y comentaba algunos detalles específicos de la construcción (p.ej., rejas, pilares, vestíbulos, etc.). La idea de algún personaje extraordinario que explique, oriente y guíe la revelación divina se desarrolla aun más en la literatura apocalíptica, en la que aparece con cierta importancia la figura de un «ángel intérprete» (véase, p.ej., Ap 4; 21–22).

Este nuevo Templo de la visión de Ezequiel consta de tres partes principales: el pórtico o vestíbulo; el santuario con el candelabro, el altar de los panes y el altar del incienso; y el lugar santísimo, o santo de los santos, que guardaba el Arca del pacto o alianza. La descripción de los detalles de la estructura nos recuerda la decoración interna del Templo de Salomón (1 R 6.14-36). Las palmas y los querubines representan la creación y la vida (Ez 41.18).

El plano del Templo es sencillo: es una gran planicie de unos 250 metros cuadrados. El símbolo del cuadrado pone de relieve la perfección, lo completo, lo bien diseñado del Templo. Los números que se incluyen en la visión son importantes y simbólicos: tres puertas, cuatro ángulos para las cocinas, y varios cuadrángulos dentro de otros cuadrados. El propósito teológico del profeta es afirmar de forma figurada que en el Templo renovado y transformado se siguen las directrices adecuadas para que regrese la gloria divina.

La gloria del Señor, que salió del Templo poco antes de la derrota de Judá y Jerusalén por los ejércitos babilónicos, no puede regresar a una estructura religiosa inadecuada. La simetría y la proporción del nuevo Templo son manifestaciones extraordinarias y necesarias de la perfección. Cada detalle de la descripción profética y meticulosa del santuario apunta hacia la misma realidad: este nuevo Templo está construido de acuerdo con las especificaciones divinas, para propiciar el regreso de la gloria del Señor.

43.1-12: Esta parte de la visión describe el retorno de la gloria divina al Templo. Previamente el profeta había explicado cómo la gloria había salido del santuario y se había dirigido hacia el este (Ez 10.18; 11.23), y en esta oportunidad presenta el regreso de esa gloria —lo que simbolizaba, en la imaginación profética, el fin del exilio y de la deportación en Babilonia.

La experiencia exílica de Israel, de acuerdo con el profeta, no marca el final de las relaciones de Dios con su pueblo. Israel tiene esperanza, pues el futuro le pertenece al Señor. La palabra final de Dios para el pueblo no es la destrucción del destierro ni las amarguras en Babilonia, sino la renovación y la restauración nacional. Más importante que la caída de la ciudad de Jerusalén es la resurrección del pueblo que se haría realidad al finalizar la experiencia amarga de la deportación.

La gloria divina regresa desde le oriente (v. 1), la misma dirección hacia donde había partido anteriormente. Regresa la gloria con todo su esplendor, pues en esa teofanía maravillosa se escucha un ruido ensordecedor, como si fuera un río caudaloso (v. 2). Esa manifestación divina hace que el profeta se postre en la tierra, lo que pone de manifiesto su humildad y reconoce el poder y la autoridad divina. Y en ese entorno maravilloso de revelación y teofanía, el profeta es llevado al atrio del Templo para cerciorarse de que la gloria efectivamente ha entrado al Templo.

Una vez que el profeta estuvo en el Templo, escuchó la voz divina que le indicó con claridad y autoridad que en aquel lugar estaba ubicado el trono del Señor, y que nunca más el pueblo ni sus reyes volverían a profanar el santo nombre de Dios con sus infidelidades (vv. 7-8). La gloria divina les impedirá actuar con deslealtad ante el Señor.

Finalmente, el profeta es llamado a anunciar la revelación divina para impedir que el pueblo continúe sus prácticas idólatras e infieles. El propósito específico de Dios es que el profeta alerte a la comunidad para que evite las que le trajeron desventura y destrucción a la comunidad (vv. 10-12). Y en ese contexto se presenta lo que el profeta conoce como la ley del Templo: todo el terreno que rodea el monte Sión es «Lugar Santísimo» ante la presencia de Dios.

b. Normas sobre el culto: 43.23–46.24

Esta sección de la visión de Ezequiel contiene una serie de normas litúrgicas que se relacionan íntimamente con las enseñanzas de Levítico. Ahora se establecen las dinámicas fundamentales para la celebración del nuevo culto en el Templo renovado. El profeta se preocupa no solo por la estructura física transformada, sino también por la pureza y efectividad de la actividad de los funcionarios.

Los deberes de los levitas y los sacerdotes no pueden ser subestimados en el nuevo culto, pues parte del juicio divino llegó cuando estos líderes religiosos no cumplieron con sus responsabilidades ante el pueblo y ante Dios con dignidad y responsabilidad. Las prácticas sacerdotales diarias deben estar en sintonía con el ambiente de santidad que se necesita en el Templo. En la sección anterior se presentaron las peculiaridades físicas del Templo; ahora se dan pautas con el culto y sus detalles.

43.13-27: En primer lugar, el profeta presenta las dimensiones físicas del altar (vv. 13-17). Las características de ese altar se asemejan a una forma particular de torre religiosa babilónica donde las divinidades se hacían presentes, y conocida tradicionalmente como «zigurat». Una vez más las medidas de la estructura contienen detalles simbólicos. La base de siete metros es cuadrada, y el edificio va ascendiendo hasta llegar a la cima, de donde salen cuatro ángulos conocidos como «los cuernos del altar», que eran símbolo de salvación y redención (v. 15). Se unen así los símbolos de perfección y los de salvación.

Cuando finalicen los siete días de las preparaciones y la purificación, los sacerdotes estarán autorizados a iniciar las ceremonias religiosas, que consistían en quemar los holocaustos y sacrificios sobre el altar. Entonces, después de ese proceso físico y espiritual, el Señor aceptará las ofrendas y los sacrificios que se presenten ante Dios.

44.1-31: El personaje que guiaba a Ezequiel por la visión continúa su tarea. En sus enseñanzas al profeta incluye una importante serie de regulaciones. Algunas se relacionan directamente con el tema de la santidad (p.ej., la identificación precisa de lugares sagrados y profanos); otras con los deberes y responsabilidades de los sacerdotes; y otras con los límites a que han de sujetarse algunas personas, particularmente los gobernantes.

Para iniciar el diálogo con el profeta, el hombre que servía de intérprete ubicó a Ezequiel frente a la puerta exterior del Templo que daba al oriente, que estaba cerrada (44.1-3). El mensaje es que está y debe permanecer cerrada por deferencia al Señor, que había entrado por ese lugar. Tan solo el príncipe, en referencia a David (Ez 34.24), puede permanecer ahí, pero solo para comer ante la presencia divina (Lv 2-3). (Luego del exilio ya no se le llama al líder político «rey», pues el pueblo depende de los imperios de Babilonia y Persia).

La sección 44.4-31 está dedicada a los levitas. De acuerdo con las tradiciones sacerdotales, los levitas son ayudantes que están supeditados en el culto al liderato de los sacerdotes del linaje de Aarón (Num 3.5-10). Sin embargo, según la literatura deuteronómica (Dt 18.1-18), todos los levitas también son sacerdotes. El profeta Ezequiel, como proviene de una tradición relacionada íntimamente con el culto en el Templo, entiende que los levitas sirven bajo el liderato sacerdotal.

Cuando Ezequiel se percata de que la gloria divina llena el Templo (v. 4), cae postrado en la tierra en señal de humillación y reconocimiento de la presencia divina. Ese contexto de revelación es el que sirve de marco para la identificación de las normas y leyes respecto al Templo, específicamente en cuanto a quiénes tienen permiso para entrar al santuario. Entre las personas excluidas están los extranjeros, particularmente los que son incircuncisos de corazón y de cuerpo (v. 9).

En los versículos 44.10-14 se identifica a un grupo de levitas que fueron infieles al pacto y a la revelación divina. Posiblemente se refiere en este lugar a la guardia de los quereteos, queines contribuyeron a la destrucción del Templo por sus infidelidades ante Dios. Solo podrán cumplir responsabilidades específicas como custodios y como quienes matan los animales del sacrificio. Sin embargo, no podrán acercarse a los objetos sagrados ni mucho menos a los santísimos (v. 13).

La referencia a los hijos de Sadoc (v. 15) alude a la descendencia del sumo sacerdote de Salomón (1 R 2.26-27). Posiblemente desde la época monárquica los sadoquitas cumplen sus responsabilidades como sacerdotes en el Templo de Jerusalén. En esta sección se ensalza la lealtad y fidelidad de ese buen grupo de sacerdotes, que provienen también del linaje de Aarón. El profeta, además, los distingue de los levitas, a quienes ya ha criticado por falta de lealtad a Dios.

Toda esta sección está dedicada a la identificación de los deberes y beneficios de los sacerdotes. Entre las recomendaciones del profeta están las siguientes: sus vestiduras deben ser de lino, y no de lana (vv. 17-19); deben cortarse el cabello de forma prudente; no deben beber vino al entrar al atrio interior del templo; deben casarse con vírgenes o viudas de otros sacerdotes; deben educar al pueblo en torno a lo sagrado y profano; deben servir como jueces del pueblo; y han de guardar las fiestas del pueblo (vv. 20-24). Además, se repiten las regulaciones levíticas referentes al contacto con cadáveres (Lv 21.1-3; Num 19.11-19), para finalmente tocar el tema de las ofrendas que deben servir de apoyo y sostén a los sacerdotes. Los sacerdotes no tienen heredad o propiedades, pues la heredad de ese sector religioso del pueblo, según Ezequiel, es el Señor (Num 18.20; Dt 10.9; Jos 13.33; 18.7).

Este pasaje pone de manifiesto las preocupaciones básicas de Ezequiel, que delatan claramente sus tradiciones sacerdotales. En efecto, la lectura de estos pasajes revela la relación de estos temas con las regulaciones que se encuentran en las secciones legales del Pentateuco, específicamente con las que tienen que ver directamente con las prácticas del sacerdocio y las responsabilidades litúrgicas de los oficiantes del pueblo (Lv 6–7; Num 18.8-19).

Ezequiel: Un profeta extraordinario

Según estos importantes pasajes, Ezequiel no solo es un profeta que sirve de centinela y atalaya al pueblo, sino que su trasfondo sacerdotal no se pierde ni se ignora. Sus serias preocupaciones por lo sagrado y lo profano no se olvidan. Surge en el momento propicio, cuando se están diseñando las dinámicas que regularán el culto renovado en el nuevo Templo, el espíritu sacerdotal de Ezequiel, que ciertamente era un profeta sacerdotal, y un sacerdote profético.

45.1-17: Tres temas principales se incorporan en esta sección del libro. El primero se relaciona con las tierras que deben servir de apoyo para los sacerdotes sadoquitas, para los levitas, para la ciudad de Jerusalén y para el príncipe (vv. 1-8). Revela el pasaje las preocupaciones reales de Ezequiel referente al futuro desarrollo de la clase sacerdotal y sus descendientes.

Además, el profeta hace una serie recomendaciones importantes respecto a las funciones del príncipe, específicamente en torno a la implantación de la justicia en los ámbitos comerciales (vv. 9-17). El profeta está interesado en que se utilicen pesas justas (v. 10). La implantación de la justicia, según el testimonio bíblico, es una de las responsabilidades más importantes de los monarcas (Sal 72).

El movimiento nacional para delimitar las responsabilidades y poderes del rey ya se manifiesta en Deuteronomio (Dt 17.14-20), donde se intenta ponerle límites al monarca. En estas recomendaciones específicas de Ezequiel, el príncipe se encuentra dependiendo del sacerdote, pues la figura religiosa es la que surge del exilio con más poder político, puesto que el monarca se encuentra en una posición de mucha debilidad en el entorno del imperio babilónico —y posteriormente del imperio persa. Antes del exilio el sacerdote dependía del monarca, pero luego de esa amarga experiencia de deportación y destierro, los papeles variaron y se invirtieron.

El profeta afirma la implantación de sistemas justos que transfieran al ámbito social, político, económico y comercial las dinámicas éticas del nuevo culto a Dios en el Templo renovado. El objetivo teológico y práctico es impedir y evitar las prácticas injustas que sirvieron de base para que se manifestara el juicio divino que culminó en el exilio del pueblo en Babilonia (véase Lv 19.35-36; Dt 25.13-15; Miq 6.10-11).

El jómer equivalía como a 220 litros. El bato, que era una medida de capacidad, y el efa, que era una medida de áridos, equivalían cada uno a un décimo de jómer. El siclo pesaba alrededor de 11.4 gramos, y la mina, 20 siclos. El coro y el homer eran similares, aunque el coro se usaba para medir la harina, el trigo y la cebada. La ofrenda —tanto del príncipe como del pueblo— debe ser una sexta parte del producto.

45.18-25: El profeta también incorpora en la revisión del culto renovado las fiestas anuales del pueblo. De particular importancia es que Ezequiel menciona únicamente tres fiestas nacionales: el día del año nuevo (vv. 18-20); la Pascua, combinada con la de los Panes sin Levadura (vv. 21-24); y finalmente la Fiesta de las Enramadas o de la Cosecha (v. 25). No se incluyen en estas regulaciones la Fiesta de las Semanas o Pentecostés, ni el Día de Perdón. Las regulaciones de Ezequiel siguen las tradiciones sacerdotales que se incluyen en el Pentateuco (véase p.ej., Ex 12.1-12; Num 28.16-25).

46.1-24: Las regulaciones están particularmente relacionadas con las actividades del príncipe en el Templo. En efecto, la adoración y los sacrificios que presente el príncipe están estrictamente identificados, escritos y también limitados. El propósito teológico del pasaje es indicar que ese personaje político, el príncipe, ya no tiene las prerrogativas y los poderes de que gozaba el rey antes del período exílico en Babilonia. Esta sección del mensaje de Ezequiel incluye además una serie de recomendaciones especiales para el resto de los creyentes y adoradores que lleguen al Templo.

El orden es la característica fundamental de estas recomendaciones de Ezequiel. Todo está previsto y esencialmente regulado en el Templo restaurado y renovado. Inclusive, se organizan los momentos de abrir y cerrar las puertas (v. 2), y se articulan las formas y los días de presentar los holocaustos, las ofrendas y los sacrificios ante Dios. Se identifican con claridad los tiempos especiales, desde los sábados (v. 12) hasta el año del jubileo (v. 17), y se alude hasta al lugar donde se cocina la carne de los sacrificios (v. 20). Inclusive se hace referencia al lugar donde están los fogones, donde los servidores del Templo hervirán los animales para los sacrificios del pueblo (v. 24).

c. Visión del río del Templo: 47.1-12

Con este capítulo extraordinario comienza la sección final del libro de Ezequiel (Ez 47-48). Posiblemente estamos ante uno de los mensajes más importantes del profeta. Y en esta ocasión el tema fundamental es

Ezequiel: Un profeta extraordinario

la salida de un río cuyas aguas son salutíferas y restauradoras. El profeta tiene la visión de unas aguas que provienen del Templo de Dios, lo que es una manera figurada de afirmar las virtudes restauradoras del nuevo santuario, luego de las renovaciones y transformaciones pertinentes.

La imagen del agua es muy importante en las Escrituras, pues revela la nueva vida que surge de la presencia divina (véase, p.ej., Jl 3.18; Zac 14.8; Ap 22.1). En una sociedad rodeada de desiertos, el agua se convierte en símbolo de vida. Para destacar esa fundamental declaración teológica, el profeta alude al agua en catorce ocasiones, es decir, dos veces siete, lo que indica y reitera que se habla de la plenitud y abundancia que sale de la misma presencia divina.

¡Esas aguas restauradoras de Ezequiel fluyen desde el Templo y pasan en medio del pueblo, para bendecirlo! ¡Son tan saludables que inclusive transformarán el mar Muerto, símbolo de lo inerte y sin vida! ¡Mientras más se alejan las aguas del Templo su eficacia aumenta, su capacidad restauradora se expande, su poder vivificador progresa!

La transformación del mar Muerto es significativa. Las aguas que salen del Templo llegan y restauran ese mar, cuya característica física fundamental y más conocida es la muerte, lo inanimado. Sin embargo, basta solo que llegue el río de Dios para hacer que abunden los peces y las orillas del mar se llenen de árboles frondosos y frutales. Esa es una manera poética de poner de manifiesto una vez más el poder vivificador de Dios. Esta visión revela que ante la intervención divina hay una vuelta al ambiente paradisíaco de la creación. Se pone de relieve el regreso a un entorno ideal de la sociedad, donde se manifiestan con libertad la armonía, la paz, el bienestar, la seguridad y la salud.

De acuerdo con la visión, el agua que surge del Templo toma la dirección sur, como el torrente Cedrón, que se alimenta de la fuente de Guijón. Esa fuente es fundamental para la vida de la ciudad de Jerusalén, no solo por su capacidad de mitigar la sed del pueblo, sino por ser testigo de varios eventos de particular significación nacional (p. ej., en esa misma fuente Salomón fue consagrado como rey de Israel; 1 R 1.33-34).

En la antigüedad el agua es un símbolo dual, pues puede ser tanto signo de vida como de muerte. En el jardín del Edén el río es símbolo de la vida que emana de Dios (Gn 2.10). En las narraciones del diluvio, las aguas traen el juicio divino (Gn 6.9–8.22). Las aguas del mar Rojo simbolizan la salvación del pueblo de Israel y la muerte de los ejércitos egipcios (Ex 13.17-14.21). Y en el Evangelio de Juan este mismo tema de las aguas continúa esa significación teológica de vida (p.ej., Jn 2.13-22; 4; 7.37-39).

d. Las fronteras del nuevo país: 47.13-48.35

Para culminar el mensaje del libro del profeta Ezequiel, se ha incorporado una serie de detalles relacionados con las fronteras nacionales y con el reparto de algunas tierras —temas que ya se había comenzado a dilucidar anteriormente (Ez 45).

En esta ocasión ya no es el profeta quien recibe la revelación divina, y el mensaje se dirige al pueblo en general. Posiblemente estamos ante una serie de contribuciones de algunos discípulos del profeta. Sin embargo, el tema de las tierras está en armonía con el resto de la obra de Ezequiel, que ya le ha dado al asunto cierta importancia (Ez 33-48). La frase final del libro culmina de forma extraordinaria esta magnífica obra profética: ¡El Señor habitará nuevamente en la ciudad! (Ez 48.35).

47.13-23: Los linderos nacionales que presenta el libro en esta sección son, más que la identificación precisa del territorio de Israel, una referencia ideal al período de conquista mayor en la época monárquica, particularmente en tiempos de David. Las fronteras del pueblo (véase también Num 34.1-12), según esta visión, serán las siguientes: al oeste, el mar Mediterráneo; al este, el río Jordán; al sur, el oasis de Meribá Cades; y por el norte, las tierras llegan hasta Jamat, luego de Damasco. Esta percepción de los territorios nacionales recuerda las ciudades y tierras conquistadas temporalmente por David a los arameos, que fueron posteriormente recuperadas y nunca formaron parte del territorio de las doce tribus.

En la repartición de las tierras se excluye a Leví (v. 13), pero se le da una doble porción a José, que está representado por sus dos hijos Efraín y Manasés (Gn 48). De suma importancia en el relato es la referencia a los extranjeros (v. 22), a los cuales, si viven en el territorio y si se hacen israelitas, se les da acceso a las tierras como si fueran israelitas de nacimiento. Esta referencia pone de manifiesto una perspectiva universal en el mensaje, que tiene la particular intención de incorporar a personas no judías en el Israel restaurado.

48.1-29: En la visión idealizada de las tierras de Israel, luego del retorno de Babilonia y de la restauración del templo y sus cultos, a cada tribu se le dará una franja de tierra aproximadamente del mismo tamaño. El objetivo de la división es hacer justicia histórica y geográfica a cada tribu de Israel.

Siete tribus estarán al norte del Templo y la ciudad de Jerusalén, y cinco al sur. A los hijos de Jacob con Raquel se les ubica en un lugar privilegiado, al lado del Templo: Judá está al norte y Benjamín al sur. Esta división no corresponde con la ubicación real de estas tribus, que tradicionalmente estaban unidas, la primera al sur de la segunda.

La sección 48.8-22 está reservada para las dimensiones y las fronteras de las tierras dedicadas a los sacerdotes, los levitas y el príncipe (véase el comentario a Ez 45.1-7). Las dimensiones y las disposiciones que se incluyen en esta porción ponen de manifiesto claramente el papel central que desempeñan el Templo y el sacerdocio en el Israel restaurado. De acuerdo con esta perspectiva, la ciudad tiene una superficie de aproximadamente dos kilómetros, lo que equivale a unas diez veces la superficie del Templo.

48.30-35a: La preocupación del profeta ahora se mueve de la distribución de las tierras a la identificación de los lugares reservados para las diversas tribus en el Templo y en la ciudad. Habrá doce puertas para que cada tribu esté bien identificada y servida. Las puertas, que son símbolos de la administración de la justicia en el pueblo, se dispondrán de modo que haya tres puertas y entradas por cada lado de la ciudad.

El número doce de las puertas se puede relacionar no solo con las tribus de Israel, símbolo de todo el pueblo de Dios, sino también con los zigurats o torres religiosas babilónicas, que también tenían doce entradas y puertas. La referencia a las tribus de Efraín y Manasés se omite, y se incorporan a la lista nuevamente las de José y Leví (Gn 29-30). Este cambio de nombres en las tribus puede ser una indicación de la independencia original de estas dos secciones del libro (Ez 48.1-29 y 48.30-35).

48.35b: La declaración final del libro es teológicamente reveladora y especial. El nombre de la ciudad, Jerusalén, será transformado, pues luego del exilio y la experiencia de retorno del pueblo a la tierra prometida, se llevarán a efecto una serie de transformaciones nacionales importantes que harán que el Señor regrese a su casa, a su ciudad, a su Templo.

El nuevo nombre de la ciudad —"Jehová sama", que significa ¡Aquí habita el Señor!— pone rápidamente de relieve el propósito restaurador del mensaje de Ezequiel: ¡Dios está de regreso en su casa! Y la presencia divina es una garantía de que se completarán de forma cabal las restauraciones físicas, emocionales, espirituales, políticas, económicas y sociales que el pueblo necesita.

No hay mejor forma de finalizar el libro del profeta Ezequiel que con un tono de esperanza. La visión original, que afirma que la gloria divina había abandonado el Templo, se transforma en una nueva comprensión de las realidades nacionales. Las causas que hicieron que la presencia divina saliera de la ciudad de Jerusalén ahora serían superadas. Las actitudes pecaminosas del pueblo, específicamente la idolatría y las injusticias, serán transformadas para que el pueblo no repita los errores pasados.

El futuro de Israel, según el mensaje del libro, no está fundamentado en las bondades de los babilónicos, ni posteriormente en las buenas políticas persas, sino en la misericordia divina y en su amor. Es por amor a su nombre —que equivale a decir por respeto a su naturaleza santa— que el Señor interviene con poder restaurador en la vida de su pueblo. No importa que el pueblo se sienta como muerto; el poder de las aguas divinas se hace realidad en medio de las penurias nacionales para señalar un nuevo horizonte de esperanza y restauración.

La palabra final de Ezequiel para Israel no es la destrucción definitiva de la ciudad o de la nación, sino el regreso de la gloria divina. Esa gloria, que representa su poder restaurador, está de vuelta en casa para evitar que se repitan las actitudes y los pecados que propiciaron la manifestación del juicio divino, que llevó a Israel a la derrota militar, a la destrucción social y a la deportación. ¡Ya Dios está de regreso en su Templo, en su ciudad, en su hogar! Esto es una magnífica afirmación de seguridad y esperanza.

Capítulo 2
Daniel: Un hombre de visión

Introducción

a. Daniel, sabio y vidente

El libro de Daniel presenta las experiencias de un personaje que revela grandes virtudes como sabio y también como vidente. En efecto, más que el autor de la obra, Daniel es el protagonista indiscutible de una serie de narraciones que tienen una clara intención educativa y un definido propósito teológico: la edificación espiritual del pueblo, y la afirmación de la fe en un momento de crisis nacional. Según esas enseñanzas, Daniel es un judío sabio y vidente que vive en medio de la corte babilónica en el período del exilio.

Daniel no es un nombre desconocido en la Biblia. En hebreo, significa «Dios es mi juez» o «Dios ha juzgado», lo que pone claramente de manifiesto la relación íntima del personaje con el tema de la justicia divina. Según las narraciones de los cronistas, Daniel era el nombre de uno de los hijos de David (Cr 3.1) y también el de un desterrado que regresó a Jerusalén después del exilio en Babilonia en la época de Esdras y Nehemías (Esd 8.2; Neh 10.7). Así se pone de relieve que ese nombre se asocia directamente con la monarquía clásica de Israel y con las personas que participaron en el proceso de reconstrucción de Jerusalén y Judá.

El profeta Ezequiel también alude a una figura antigua conocida con el nombre de Daniel (o mejor, Dan'el, según el texto hebreo, «Dios juzga»). Este personaje era conocido por su gran sabiduría, y vivió en una época muy antigua y remota, en tiempos de Noe y Job (Ez 14.14,20; 28.3). Posiblemente este Dan'el es a quien se hace referencia en algunas leyendas antiguas en la ciudad de Ugarit, pues es famoso por su piedad y por implantar la justicia entre las viudas y los huérfanos. Además, ese era el nombre del suegro del piadoso Enoc (Jubileos 4.20). En efecto, desde tiempos inmemoriales y en el ambiente cultural de Israel y sus vecinos, el nombre de Daniel se ha relacionado con los importantes temas de la sabiduría, la piedad y la justicia.

El libro de Daniel presenta una serie de narraciones en torno a un joven que vivió desterrado en medio del imperio babilónico. La primera parte del libro (conocida en círculos académicos como Daniel A: 1.1–6.28) incluye seis narraciones cortas en torno al comportamiento sabio, valeroso, firme, piadoso y heroico de Daniel y sus tres amigos, Ananías, Misael y Azarías, en la corte del gran Nabucodonosor, el famoso rey de Babilonia.

La segunda sección (identificada como Daniel B: 7.1–12.13) incorpora cuatro visiones de carácter apocalíptico que presentan la sucesión de cuatro reinos o gobiernos humanos. Esos cuatro reinos representan, en forma simbólica, las potencias mundiales a las que ha sido sometido el pueblo de Dios desde la conquista de Babilonia hasta el momento especial en el que Dios mismo irrumpirá en la historia para beneficiar y liberar a su pueblo. Todo el libro afirma de forma clara y directa que Dios es el único Señor de la historia y de la humanidad.

En la sección inicial del libro, Daniel se ve como un sabio que ha decidido ser fiel a sus tradiciones religiosas y convicciones espirituales. La obra pone de manifiesto, de forma edificante y educativa, las acciones y el estilo de vida de Daniel como modelo y ejemplo a seguir. La segunda parte del libro de Daniel revela las experiencias de un vidente que se resiste a creer que los poderes humanos tienen la última palabra en torno al futuro del pueblo de Dios. Estas visiones ponen en evidencia al Dios que tiene el control absoluto de la historia humana, y que está dispuesto a revelar los secretos de esa historia a su pueblo.

b. El libro de Daniel

El libro de Daniel tiene una serie de características temáticas, estructurales, teológicas y literarias que deben identificarse con precisión. Estas cualidades distintivas de Daniel desafían, en efecto, a quienes estudian sistemáticamente la obra, pues ignorarlas, no reconocerlas o subestimarlas puede llevar a una comprensión equivocada del mensaje y también puede generar interpretaciones erróneas de la revelación divina al vidente y a la sociedad, tanto antigua como moderna.

En primer lugar el libro de Daniel es una obra bilingüe: está escrita en hebreo y arameo. Esa distintiva mezcla de idiomas le brinda a la obra una doble y singular dimensión teológica y literaria que no debe ignorarse u obviarse. Las secciones narrativas, que tienen una intención moral y educativa (Daniel A), están escritas predominantemente en arameo, excepto el inicio de la sección (1.1-2.4a) que está en hebreo. Las visiones apocalípticas (Daniel B) están redactadas prioritariamente en hebreo, aunque también se incorpora el arameo al comenzar la sección de las visiones (7.1-28).

Respecto a este singular asunto, algunos estudiosos piensan que el libro fue escrito originalmente en arameo (excepto la oración en hebreo de Dn 9.4-20), y que varias secciones fueron posteriormente traducidas al hebreo por razones nacionalistas —¡o quizá para propiciar y garantizar su lugar en el canon! De esa forma se pueden explicar algunos pasajes de difícil comprensión en la obra. También es posible que a la sección apocalíptica en hebreo (Dn 8.1-12.13) se le haya añadido una colección antigua de relatos en arameo (Dn 2.2-6.28) y una visión (Dn 7.1-28) también en arameo, junto al capítulo inicial redactado en hebreo o traducido a ese idioma.

Una segunda característica que le brinda al libro de Daniel una distinción particular en la literatura bíblica es que se presenta en un ambiente histórico dual. La narración incluye una serie de experiencias y visiones que se relacionan con un joven judío, Daniel, que fue llevado con un grupo de amigos al destierro en Babilonia en siglo sexto a. C. A la vez, el estudio sobrio y minucioso del libro revela que el mensaje de la obra presupone y está particularmente dirigido a la comunidad judía del siglo segundo a. C. Ese grupo de judíos vivía en medio de una persecución religiosa acérrima y despiadada por parte de las fuerzas helenistas y paganas lideradas por Antíoco IV Epífanes. Esa dualidad histórica le imprime un carácter teológico particular al libro de Daniel, pues se deben considerar ambos entornos al analizar la obra.

La tercera peculiaridad del libro de Daniel es que se articula y redacta en dos géneros literarios muy bien definidos y delimitados. El primero lo constituyen unas narraciones o relatos que tienen un particular interés moral y educativo. Ese tipo singular de literatura se conoce como «hagádica» (del hebreo, *haggada*, que significa composición o narración), y tiene como finalidad específica la edificación e instrucción de los oyentes y lectores. El propósito fundamental de este tipo de escrito es poner de relieve la importancia de los valores éticos y del buen comportamiento en el pueblo, además de inculcar una lección de moral en la comunidad.

El segundo género literario en el libro de Daniel es el apocalíptico. Este género consiste en una serie de revelaciones misteriosas que se reciben a través de visiones extraordinarias y fantásticas o se transmiten por medio de la intervención de ángeles o mensajeros celestiales. Esas revelaciones incluyen elementos históricos del pasado, del presente y del futuro. De fundamental importancia en este tipo de escrito es que presenta el establecimiento escatológico, firme y definitivo del reino mesiánico, auspiciado directamente por Dios.

Para comunicar su mensaje este género literario utiliza la fama y el prestigio de personajes antiguos distinguidos para brindarle al escrito un valor teológico particular, y también para imprimirle al documento mayor autoridad moral y religiosa. En el caso específico de nuestro libro, se ha utilizado la autoridad incuestionable del famoso y antiguo personaje Daniel para imprimirles una dimensión adicional de autoridad religiosa a las enseñanzas que se presentan al pueblo de Dios en un período de persecución y angustia.

Este estilo apocalíptico, que contiene rasgos formales y literarios distintivos y peculiares, presupone un ambiente de desesperanza y crisis. El desarrollo y aprecio de este tipo de literatura, que fue muy popular en el llamado período intertestamentario, se produce en contextos donde la esperanza en las instituciones humanas tradicionales se ha perdido. Cuando ya no hay confianza en las estructuras políticas, militares, sociales y religiosas, los escritos apocalípticos florecen y se proliferan, pues le brindan a la comunidad necesitada, desesperada, perseguida y angustiada un sentido grato de esperanza y futuro fundamentado claramente en las intervenciones extraordinarias de Dios en la historia humana.

Esas singulares formas de comunicación presentan el mensaje apocalíptico revestido de grandes simbolismos e imágenes visuales.

Daniel: Un hombre de visión

En medio de ese proceso de revelación extraordinaria, el vidente, en ocasiones, llega a recibir un gran impacto emocional que le puede llevar a la desorientación, el aturdimiento o, inclusive, a alguna dolencia física (Dn 7.28; 10.8,17).

El mensaje apocalíptico presenta la historia humana como si se tratara de un drama en dos actos. El primero se lleva a efecto en medio de la historia presente y actual, en medio de las vivencias reales y cotidianas del pueblo. La segunda dimensión del mensaje, sin embargo, lleva a la comunidad a un nuevo nivel que sobrepasa los límites de la historia para llegar con fuerza a nuevas percepciones escatológicas, para anunciar lo que habrá de suceder al final de los tiempos.

c. Naturaleza de la obra

Las complejidades del libro de Daniel se ponen claramente de manifiesto con la lectura inicial de la obra. Esas peculiaridades literarias y teológicas revelan un proceso de redacción complejo. Los relatos del Daniel sabio y sobrio que vive en medio de la corte babilónica (Daniel A) son más antiguos que la sección apocalíptica. Ese tipo de narración de sabiduría era conocida desde la antigüedad en Israel, y en el caso específico de Daniel deben haberse redactado fundamentándose en las narraciones antiguas, luego del exilio en Babilonia. El propósito de ese tipo de narración piadosa es destacar la importancia de mantener la cultura y los valores judíos en medio de una sociedad altamente antagónica y hostil, como la babilónica.

La sección apocalíptica (Daniel B) proviene de una época posterior, posiblemente alrededor del año 160 a. C., cuando los ataques helenistas a la cultura judía se hicieron insoportables y las continuas ofensas a las tradiciones ancestrales del pueblo llegaron a niveles indecibles. Ejemplos de este tipo de literatura se pueden encontrar en otros pueblos del Oriente Medio (p.ej., Irán), porque esos pueblos y culturas estaban inmersos en similares experiencias políticas, militares, sociales y religiosas.

Aunque ya en el Antiguo Testamento se pueden notar algunas secciones con diversos niveles de influencia apocalíptica (p.ej., Is 24–27; Ez 38-39; Zac; Jl 3), el libro de Daniel es el primero que puede identificarse con propiedad, seguridad y precisión dentro de esa categoría literaria y teológica. Inclusive, esa particular comprensión religiosa del libro de Daniel se incluye en un comentario bíblico antiguo que habla de Dios como el «revelador de los misterios» (en griego, *apokalyton mysteria*), relacionando así directamente la palabra «apocalíptico» con la naturaleza divina. Según Daniel, Dios es quien tiene la capacidad y la voluntad de manifestarle sus secretos a la humanidad.

Una definición más precisa de este tipo peculiar de literatura, sin embargo, puede ser la siguiente: El género apocalíptico es una narración que presenta una revelación divina que utiliza seres angelicales o especiales para comunicar a individuos y pueblos una realidad teológica, con grandes implicaciones políticas y sociales, que trasciende el marco inmediato y temporal de la historia; en esa singular revelación, la salvación se ubica en niveles escatológicos, pues los videntes y los agentes divinos que transmiten el mensaje han perdido la esperanza en las instituciones políticas, sociales, militares y religiosas: ¡Sólo Dios puede traer la redención que necesita el pueblo!

Este tipo de literatura se desarrolla de forma óptima en ambientes de crisis social y persecución política aguda. Los receptores de estos mensajes son personas y comunidades que se sienten oprimidas por imperios que les someten y angustian de forma inmisericorde y agresiva. Los apocalipsis se convierten así en un tipo de literatura subversiva que les brinda a las comunidades heridas, perjudicadas y perseguidas un grato sentido de esperanza y seguridad que les prepara para enfrentar las más intensas y complejas adversidades. Los apocalipsis son, a la vez, esperanza para los oprimidos y rechazo de las fuerzas opresoras.

Esas dimensiones subversivas y liberadoras de la literatura apocalíptica se han puesto claramente de relieve desde muy temprano en la historia, hasta en años recientes. La interpretación de los apocalipsis como literatura de fortaleza, esperanza y seguridad ya se manifestaba entre los qumramitas que vivían muy cerca del mar Muerto. También la reconocían los japoneses de la Segunda Guerra Mundial, que prohibían la lectura del libro de Apocalipsis en los territorios conquistados.

En el caso particular del libro de Daniel, el ambiente histórico y social que propició la redacción y comunicación del mensaje apocalíptico (Daniel B) tiene por lo menos tres niveles históricos y teológicos básicos: la persecución inmisericorde y hostil de Antíoco IV Epífanes al pueblo judío y sus continuos ataques a sus instituciones fundamentales; el proceso intenso de helenización y transculturación del Oriente Medio conquistado por Alejandro el Grande; y, en cierta medida de importancia, el incumplimiento histórico de las antiguas profecías de que después del exilio en Babilonia vendría un período de especial restauración y renovación nacional para la comunidad judía.

Según el libro de Daniel, esas persecuciones políticas y culturales, y esos conflictos sociales y religiosos eran una clara prueba de que había llegado el fin de esta era para dar paso a un período extraordinario de manifestación especial de la gloria divina. La historia, como se entendía de forma común, finalizaba para que pudiera irrumpir, en medio de las realidades cotidianas del pueblo, una nueva era donde se harían realidad las promesas divinas de paz, seguridad y justicia.

Las condiciones específicas de los ambientes apocalípticos pueden variar. Lo que no cambia es el poder restaurador y esperanzador del mensaje. Cuando las instituciones humanas ya no pueden responder adecuadamente a los clamores más hondos y sentidos del pueblo se crean imaginariamente una serie de nuevas posibilidades donde la vida sea más grata y digna. La sucesión de reinos malvados y realidades adversas llega a su final y destrucción, y se inaugura el reinado de Dios en la historia —lo que es una forma de indicar que el bienestar sustituirá al dolor.

El libro de Daniel tiene, en efecto, un claro interés por las transformaciones históricas. Al igual que los antiguos profetas de Israel, el mensaje de Daniel tiene un interés histórico, pues responde a una situación política, social y religiosa específica y real. Sin embargo, mientras los profetas tradiciones destacaban las implicaciones concretas e inmediatas de los oráculos (p.ej., la conversión, el cambio de vida, el arrepentimiento, el juicio, la restauración, etc.), en Daniel se abandona el deseo de transformación histórica inmediata para llegar a nuevos niveles escatológicos. Ya no hay cabida para esperar algún cambio en las instituciones humanas infieles. ¡La única posibilidad real de restauración nacional y de salvación se relaciona con la manifestación extraordinaria y gloriosa de Dios al final de los tiempos!

Esta comprensión de la historia en el libro de Daniel no es un índice de falta de interés o rechazo de la vida cotidiana del pueblo. Por el contrario, la literatura apocalíptica en general y Daniel en particular toman muy en serio la historia humana, pues en ella se encuentran los secretos y la clave para la comprensión adecuada de la vida misma.

Este libro nace en el contexto específico de la persecución intensa y despiadada de Antíoco IV Epífanes, a quienes los judíos más piadosos consideraban la encarnación misma de la maldad, la manifestación óptima de las fuerzas que se oponen a la bondad y la justicia, la materialización de las fuerzas y dinámicas que se contraponen con desdén a la voluntad divina. Esos años, c.164-160 a. C., fueron testigos de una persecución mortal que estaba orientada hacia la prohibición definitiva de las prácticas religiosas. Esto incluía, por ejemplo, la pena de muerte por circuncidar a los niños.

Quien o quienes redactaron finalmente el libro de Daniel durante esa época de crisis nacional (c.164 a. C.) debieron ser parte de un grupo de personas muy religiosas y espirituales (conocidas como los «hasídicos» o piadosos) que decidió ser fiel a Dios en medio de las abominaciones extraordinarias relacionadas con las políticas de helenización de Antíoco IX Epífanes. Ese grupo de judíos leales a las tradiciones ancestrales del pueblo no se amilanó ante los ataques ni los avances violentos de esas políticas de dominación continua y exterminio sistemático. El libro de Daniel surge en medio de este tipo de personas de fe.

Esa respuesta teológica tan firme y decidida del libro de Daniel a las políticas agresivas y hostiles de Antíoco IV Epífanes le permitió al pueblo judío relacionar los nombres de Nabucodonosor y Darío con las experiencias antagónicas que vivían, ya no en la Babilonia del exilio, sino en Judá y Jerusalén en el siglo segundo. El dolor de la crisis les permitió actualizar el mensaje de esperanza en medio del cruel genocidio del mundo helenista.

De esa forma, el mensaje de esperanza y liberación contra la opresión y la injusticia superó los límites del tiempo y del espacio. Los regímenes opresores y sus víctimas tienen características en común: ¡Los imperios se creen invencibles y eternos! ¡Y el sufrimiento humano es uniforme!

El mensaje de restauración y de esperanza que brinda el libro de Daniel es fundamental y muy necesario: no hay imperio que pueda detener la manifestación liberadora del poder de Dios en medio de la historia humana.

d. Contextos

Para la comprensión adecuada del libro de Daniel debemos identificar los diversos contextos en los cuales la obra se desarrolló y en los cuales debe interpretarse. La evaluación de la historia que sirve de marco de referencia a los mensajes del libro puede brindarnos varias pistas

Daniel: Un hombre de visión

hermenéuticas y guías teológicas para la aplicación pertinente del mensaje. Inclusive, la ubicación del libro en los diversos cánones de las Biblias, tanto judías como cristianas, es importante.

i. Históricos

La identificación precisa de la fecha de composición del libro de Daniel es una tarea compleja y ardua. Como ya hemos indicado, la obra se presenta en un período histórico definido, pero se redacta en otra época de la vida nacional. Además, el tema del personaje sabio que tiene la capacidad de interpretar sueños es muy antiguo en Israel.

La sucesión de imperios y monarcas jugó un papel de gran importancia en la historia que el libro de Daniel presupone. En las siguientes listas se identifican los reyes que gobernaron desde la época exílica, que en la que se ubica a nuestro protagonista (Daniel), hasta el período de Antíoco IV Epífanes, que fue el gobernante que llevó a efecto la persecución a la comunidad judía a la que el mensaje de Daniel responde. Estos reyes y gobernantes controlaron la política nacional e internacional del Oriente Medio desde el siglo VI hasta el II a. C. y, por consiguiente, forman parte del trasfondo histórico del libro de Daniel.

Los reyes del imperio babilónico son los siguientes:
Nabucodonosor: 605-562
Evil-Merodac: 562-560
Nariglisar: 560-556
Labasi-Marduk: 556
Nabónido: 556-539
Los reyes del imperio persa o neobabilónico son los siguientes:
Ciro: 550-530
Cámbises: 530-522
Darío I: 522-486
Jerjes I: 486-465
Artajerjes I: 465-424
Jerjes II: 423
Darío II: 423-404
Artajerjes II: 404-358
Artajerjes III: 358-338
Arses: 338-336
Darío III: 335-331

Los gobernantes griegos son los siguientes:
Alejandro Magno: 336-323
Filipo Arrideo: 323-316
Alejandro IV: 316-309
La dinastía de los Ptolomeos, cuando se divide el imperio griego:
Ptolomeo I Sóter: 323-285
Ptolomeo II Filadelfo: 285-246
Ptolomeo III Evergetes: 246-221
Ptolomeo IV Filipator: 221-203
Ptolomeo V Epífanes: 203-181
Ptolomeo VI Filométor: 181-146
La dinastía de los seléucidas, cuando se divide el imperio griego:
Seleuco I Nicanor: 312-280
Antíoco I Sóter: 280-261
Antíoco II Teos: 261-246
Seleuco II Callinicus: 246-226
Seleuco III Sóter: 226-223
Antíoco III el Grande: 223-187
Seleuco IV Filipator: 187-175
Antíoco IV Epífanes: 175-164

Aunque el libro mismo ubica a sus personajes en el período específico del destierro de Israel en Babilonia (siglo sexto a. C.), una lectura cuidadosa y sobria de la obra revela que la composición puede provenir de una época posterior. De singular importancia en este análisis es la presentación de la historia nacional que hace el libro (Dn 11), al revisar los eventos que trajeron la desgracia al pueblo y el dolor a la comunidad judía.

Haciendo uso de un lenguaje metafórico, este capítulo de la sección apocalíptica de Daniel hace varias referencias a eventos históricos concretos que tienen gran importancia y relevancia histórica, luego del exilio. El mensaje anuncia la muerte de un tirano siguiendo el estilo literario y la presentación teológica que ya se incluye en otros libros proféticos tardíos (p.ej., Is 10.5-34; 14.25; 31.8-9; Ez 38–39; Zac 14.2; Jl 3.2): ¡El enemigo cae totalmente derrotado en los montes de Israel!

Esos detalles históricos ubican la redacción de la sección apocalíptica del libro (Daniel B), y posiblemente la edición final de toda la obra, en el período de persecución, profanación y hostilidad de Antíoco IV Epífanes, y su programa de transculturación contra el pueblo judío, alrededor del año 164 a. C.

La identificación de la fecha de redacción final de Daniel debe tomar en consideración, además, las siguientes peculiaridades y características de la obra: el hebreo que emplea el autor para presentar sus narraciones es ciertamente posterior al período del exilio; algunas secciones que se incluyen en la lengua aramea provienen de una época tardía en la historia de Israel, posiblemente se generan después del siglo IV a. C.; los temas y las imágenes que se destacan en la obra (p.ej., los ángeles, el apocalipsis y la resurrección de los muertos) sugieren una fecha muy posterior al destierro babilónico; y la perspectiva histórica que se manifiesta en el libro apunta hacia una fecha cercana al siglo segundo a. C. Finalmente, la descripción tan clara de la profanación del Templo de Jerusalén, cometida bajo los crueles auspicios de Antíoco IV Epífanes en el 167 a. C., pueden ser una confirmación de que el libro de Daniel proviene de solo unos años después de ese evento tan nefasto en la historia nacional (c.164 a. C.).

ii. Canónicos

La ubicación del libro de Daniel en las Biblias ilumina algunos de los procesos y las dinámicas de canonización de las Escrituras de Israel. En la Biblia hebrea, Daniel se incluye en la tercera sección del canon, conocida como «los escritos» (en hebreo, *ketubim*). Sin embargo, en la versión de los Setenta (LXX) se incorpora entre los profetas (en hebreo, *nebiim*). Esa diferencia revela el aprecio y reconocimiento que le tenían las diversas comunidades al libro. De antemano se pone de relieve la comprensión general que cada comunidad tenía de Daniel: para los judíos era una obra de sabiduría mientras que para los cristianos era un libro profético.

Respecto a ese mismo tema canónico, es importante señalar que los fariseos manifestaban cierto recelo y subestima hacia la literatura apocalíptica. Pensaban, además, que la inspiración de Daniel era posiblemente secundaria, pues se fundamentaba en mensajes proféticos previos (p.ej., Dn 9 se basa en Jer 25; en 29 y en otros lugares cita o alude a Habacuc, la segunda sección del libro de Isaías y Ezequiel).

Por su parte, los grupos cristianos, en los cuales la traducción griega de la Septuaginta era el texto bíblico fundamental, entendían que el libro formaba parte de la sección profética. Relacionaban la literatura apocalíptica con la profética, lo que en el caso de Daniel se entiende, pues este personaje tuvo una importante y clara serie de revelaciones divinas que ciertamente tenían implicaciones proféticas e históricas.

Esa comprensión profética puede ilustrarse con su desarrollo del tema del gobernante orgulloso, arrogante y prepotente que desea establecer su trono sobre las estrellas, en el cielo (Dn 7). Ese mensaje también aparece en otros libros proféticos clásicos (véase, p.ej., Is 14.3-15). Además, la presencia divina en medio del culto se ve en las figuras de Dios como Rey de reyes y como el Anciano de Días, que también pueden relacionarse con otros mensajes proféticos (p.ej., Ez 8–11; 43). Inclusive el tema y la imagen del «hijo del hombre» ya aparecen en Ezequiel (Ez 8).

iii. Eclesiásticos

El reconocimiento y aprecio del libro de Daniel en las comunidades de fe judías y cristianas ha sido paulatino. En primer lugar, Matatías Macabeo (1 Mac 2.59-60) exhorta a sus hijos a afirmar el buen ejemplo de Daniel y sus amigos ante las crisis que enfrentaron en el imperio babilónico (p.ej., el horno de fuego y el foso de los leones). Eso es una aceptación temprana de la autoridad del libro en la comunidad judía a finales del siglo segundo a. C.

Posteriormente, la contribución teológica más importante de Daniel en la comunidad cristiana, además de la cosmovisión apocalíptica de la sociedad y la historia, se relaciona con la imagen y la particular nomenclatura del «Hijo del hombre», que tanta importancia tiene en los Evangelios. En boca de Jesús de Nazaret esta expresión cobra dimensión nueva, pues adquiere fuertes matices mesiánicos (p.ej., Mc 13.26; Mt 24) —aunque en otros lugares también puede ser una forma de referirse a sí mismo o para designar a la humanidad.

Los padres de la iglesia reinterpretaron el libro de Daniel a la luz de la experiencia cristiana. Le aplicaron las enseñanzas del libro a la persona y ministerio de Jesús. Y con esa finalidad veían en Daniel la naturaleza humana de Cristo, además de identificar su origen celestial, su ascensión al cielo y su posterior segunda venida.

En la actualidad, secciones del libro de Daniel se utilizan litúrgicamente en la Fiesta de Cristo Rey. Y para destacar el fundamental tema de la resurrección, se lee a Daniel 12.1-3 junto a Marcos 13.24-32. De esa forma se destaca, en las celebraciones cúlticas, el tema de la resurrección como un valor teológico de importancia continua.

e. Secciones deuterocanónicas o apócrifas

Una dimensión extraordinaria del libro de Daniel es que en las Biblias que incluyen los libros apócrifos o deuterocanónicos (p.ej., en las ediciones católicas) nuestra obra incluye un tercer idioma, el griego. En efecto, el texto de Daniel que aparece en la versión griega de los Setenta o Septuaginta (LXX), y en la latina, conocida como la Vulgata Latina (Vg), es más extenso que el que se incluye en los manuscritos hebreos (esto es también cierto en las versiones sirias y en otras versiones antiguas). El Daniel canónico, escrito en hebreo y arameo, es más corto que el que el texto deuterocanónico o apócrifo, que incluye algunas adiciones en griego.

Las secciones en griego son importantes, pues le brindan a la obra una nueva dimensión teológica, histórica y social. En el tercer capítulo se añaden dos secciones de gran importancia: la oración de Azarías (3.24-25) y un cántico especial, un tanto extenso, de los tres amigos de Daniel (3.46-90). En ambos casos, estas añadiduras reinterpretan las secciones narrativas de la obra y le brindan una nueva dimensión teológica al escrito.

Además, en la sección apocalíptica del libro (Daniel B), la versión deuterocanónica incluye tres narraciones adicionales, conocidas como Susana, Bel y el Dragón. Estos relatos, que en diferentes manuscritos se encuentran en posiciones variadas, se ubican en las ediciones deuterocanónicas de la Biblia al final del libro (Dn 13.1-64; 14.1-22; 14.23-42). Posiblemente estas narraciones fueron redactadas originalmente en hebreo o arameo, pero en la actualidad solo se conserva de ellas las versiones griegas.

f. Mensaje de Daniel

El mensaje fundamental del libro de Daniel es una exhortación a ser fieles a Dios en momentos de crisis y adversidades extraordinarias. Se escribió para apoyar a la comunidad judía que sentía el escarnio y los vejámenes de las fuerzas más despiadadas y crueles de Antíoco IV Epífanes. El llamado fundamental de Daniel es a permanecer fieles en medio de los conflictos más intensos y las opresiones más despiadadas. El propósito de Daniel es incentivar la fidelidad del pueblo de Dios ante las cruentas y seductoras fuerzas del helenismo, que ofrecían a la comunidad una nueva forma pagana de vivir.

Ante esas dinámicas sistemáticas de agresión religiosa, política y cultural, el libro de Daniel se preocupa por demostrar la superioridad del Dios de Israel, quien tiene la capacidad de proteger a su pueblo no solo en medio de cortes paganas e imperios irrespetuosos, sino que interviene de forma salvadora hasta en los hornos de fuego y en las cuevas de leones, que representan lo peor que le podía pasar a alguna persona o a algún pueblo. El Dios de Israel no solo es más poderoso que las divinidades paganas del mundo helenista, sino que es más sabio, según las enseñanzas de los relatos del libro de Daniel.

Ese componente de esperanza del libro de Daniel es un valor teológico que tiene la capacidad de traspasar los límites del tiempo para llegar a otras culturas en otros períodos. El Dios de Daniel está preocupado por la gente perseguida y necesitada. El Señor que se manifiesta en la obra está comprometido con las causas que requieren defender a las personas oprimidas y menesterosas. El gran mensaje del libro llega con fuerza a las comunidades que sienten que las fuerzas de la injusticia les impiden manifestarse con libertad y seguridad.

En el corazón del mensaje de Daniel están las virtudes que se pusieron en clara evidencia en el mensaje de Jesús de Nazaret. Tanto en Jesús como en Daniel, Dios no resiste la opresión de su pueblo y el cautiverio de la gente de bien. Según el mensaje del libro de Daniel, el Señor de la historia, quien se hizo persona y palabra viviente en Jesús, está dispuesto a repetir esas intervenciones redentoras en medio de las persecuciones y angustias de los creyentes de todos los tiempos. En efecto, este Dios y Señor de la historia humana utiliza la progresión histórica y el ascenso y descenso de gobiernos e imperios terrenales para preparar su reinado universal en medio de la humanidad.

g. Teología de la obra

Una lectura cuidadosa del libro de Daniel identifica varias contribuciones destacadas a la historia de las ideas religiosas y a la teología. El libro presupone ese ambiente de crisis nacional que generó

Daniel: Un hombre de visión

gran creatividad literaria y produjo los estímulos pertinentes para la contextualización de sus enseñanzas.

1. En primer lugar, Daniel es el primer libro de la Biblia hebrea que contiene secciones importantes de literatura apocalíptica. En la historia del pensamiento religioso este tipo de literatura juega un papel destacado, pues constituye una muy firme respuesta teológica al sentido de impotencia, inseguridad y desesperanza que generan las opresiones políticas, religiosas y sociales. La literatura apocalíptica no es una forma de escapismo religioso, sino una manera alterna de leer la realidad, que les brinda a los cautivos el valor necesario para mantener la esperanza y les permite soñar con el futuro. Esas dinámicas espirituales se convierten en las fuerzas que les ayudan a transformar el futuro soñado en realidad inmediata y contextual.

2. Daniel, además, incorpora el uso literario de la figura del ángel que guía y orienta al vidente. Esta particularidad literaria se desarrolló de forma destacada en el llamado período intertestamentario. En Daniel los ángeles son criaturas especiales enviadas por el Señor para cumplir una particular y definida encomienda: revelar la voluntad divina. Posteriormente, en la literatura rabínica y los escritos cristianos esta percepción teológica se desarrolla aun más, y se crea una angelología mucho más amplia, intensa y extensa.

3. En el libro de Daniel también se incluye de forma firme el tema de la resurrección de las personas muertas (Dn 12.2). Aunque hay en la Biblia hebrea algunos instantes donde este tema puede identificarse con alguna intención (p.ej., Ez 37), lo cierto es que Daniel es quien elabora el tema de forma clara y firme. La importancia de este asunto no puede subestimarse, pues se constituyó en uno de los temas más importantes y fundamentales de la fe cristiana.

4. El mesianismo en Daniel llega a niveles previamente insospechados. No solo el idioma utilizado en el libro de Daniel les brindó a Jesús y a sus discípulos una fraseología de gran importancia teológica y contextual (p.ej., la expresión y comprensión de «el hijo del hombre»), sino que la referencia directa al que viene «en las nubes del cielo» (Dn 7.13) se ha convertido en una imagen insustituible e impostergable en la teología cristiana. Jesús de Nazaret se identificó plenamente con esas ideas y se refirió a sí mismo en términos similares a los que utilizó Daniel.

5. Un tema teológico adicional en Daniel se relaciona con el Dios que responde a los clamores de su pueblo. De particular importancia en torno a este tema son las peticiones y oraciones que surgen en momentos de crisis nacional y de adversidad personal. El Dios de Daniel escucha el clamor de la gente cautiva con un interés liberador. ¡No está silente y quieto el Dios de Daniel ante los atropellos de la sociedad ni ante los cautiverios de la humanidad!

6. Una enseñanza destacada del libro, que fue muy bien recogida por Jesús y sus seguidores, es que aunque la gente fiel sea enviada a los hornos de fuego de la historia y a las personas de bien las lleven al foso de los leones de las realidades políticas y sociales, el Señor de la historia ha prometido estar al lado de su pueblo con un serio compromiso libertador, con un deseo restaurador, con una finalidad liberadora.

7. La revelación de la voluntad y los designios divinos es un tema teológico de gran importancia en Daniel. Esas manifestaciones divinas se producen a través de sueños, visiones y audiciones especiales. Sin embargo, en este libro —que incluye un componente destacado de sabiduría— la revelación divina no solo se produce en la visión o en el sueño, sino en la interpretación adecuada de esas manifestaciones divinas. Luego son importantes en el libro de Daniel no solo la revelación, sino también su adecuada comprensión, que en ocasiones proviene de un ángel intérprete.

8. En el libro de Daniel la historia tiene grandes implicaciones teológicas. En el libro se alude a eventos que se separan entre sí por ¡cuatrocientos años! Y en ese proceso, se pasa de los niveles históricos de los imperios humanos a un nivel especial y escatológico que se identifica como el reino de Dios, que sobrepasa los límites de la historia y los linderos del tiempo.

Ese concepto de la historia presenta a los reinos humanos que se van sucediendo históricamente, hasta que irrumpe de forma extraordinaria el reinado divino, que llegará para poner fin a los dolores de la gente fiel y para implantar la justicia y la paz. En ocasiones, el recurso literario que ha usado el autor para presentar su particular mensaje de esperanza y salvación, es anunciar, como si no hubieran sucedido, eventos del pasado. Ese recurso, conocido técnicamente como *prophetia ex evento*, le brinda al mensaje de Daniel un poder profético extraordinario, un sentido escatológico especial, un nivel de actualización maravilloso.

Daniel: Un hombre de visión

h. *Interpretaciones del libro*

Para las iglesias cristianas Daniel siempre ha sido un libro apreciado, privilegiado y de singular relevancia. Basándose en el lenguaje y las imágenes del Nuevo Testamento, los creyentes cristianos han visto en las visiones de Daniel y en sus interpretaciones la promesa de la venida de Cristo y la anticipación de su obra liberadora y redentora.

La aplicación a Jesús de la expresión y la figura del «Hijo de hombre», como si fuera un título cristológico, proviene del libro de Daniel. Además, en ese mismo libro los evangelistas encontraron imágenes, expresiones y mensajes que aplicaron a Jesús de Nazaret sin dificultad; por ejemplo, a su ministerio de humillación y muerte (Mt 8.20; 17.22), a las afirmaciones sobre su resurrección extraordinaria (Mt 17.9), a su gloriosa Segunda Venida (Mt 24.30) y a las descripciones del juicio final (Mt 17.9).

Esa interpretación cristiana del libro también se pone en clara evidencia con la ampliación del concepto del «reino eterno» anunciado en las visiones de Daniel. Fundamentado en esas percepciones teológicas, Jesús utiliza las expresiones e imagen del reino de Dios o reino de los cielos para describir la nueva realidad humana al encontrarse con el Señor y vivir según los valores morales y los principios éticos que se manifiestan en su mensaje salvador. Ese reino anunciado por Jesús comienza en la historia, pero tiene implicaciones permanentes y eternas.

Inclusive el contexto literario, temático y escatológico alrededor del mensaje de la segunda venida de Cristo (Mr 13.14-27) utiliza con libertad el lenguaje de Daniel en expresiones tales como la «abominación desoladora», que describe la profanación del lugar santo. Esa misma tendencia teológica y escatológica se manifiesta en el Apocalipsis de Juan, cuando el vidente de Patmos anuncia sin timidez la victoria definitiva de Cristo sobre los poderes del mal.

Según algunos intérpretes del libro de Daniel, el capítulo nueve manifiesta una particular y extraordinaria clave profética. La comprensión adecuada de las llamadas «setenta semanas de años» de Daniel es fundamental y necesaria para descifrar adecuadamente los eventos que se relacionan con el fin de los días, o con la escatología. Esas «semanas» son necesarias para entender las implicaciones de la gran batalla del Armagedón y la segunda venida de Cristo.

Una gran dificultad al estudiar estos pasajes clave, sin embargo, es que las personas que se dedican a la evaluación sistemática y continua de estas imágenes y cifras no se ponen de acuerdo en torno a sus significados, fechas, implicaciones e importancia. En efecto, los entendimientos y las interpretaciones de esas lecturas teológicas, en ocasiones, en vez de edificar a los lectores y lectoras del libro, les confunden y desorientan. La gran pregunta exegética y hermenéutica que puede hacerse es la siguiente: ¿Cuál de las escuelas de interpretación escatológica debemos seguir?

Este comentario se dedica prioritariamente a la investigación de los textos originales del libro de Daniel y a la evaluación exegética de los pasajes estudiados. Algunas interpretaciones, conocidas como dispensacionalistas o clásicas, las hemos dejado al lector o lectora, aunque en las explicaciones de los pasajes estudiados se brindan pistas para descubrir y afirmar la interpretación contextual y pertinente del mensaje de Daniel. Nuestro objetivo primordial no ha sido repetir esas interpretaciones tan populares en algunos círculos religiosos, sino presentar algunas alternativas de reflexión teológica y de contextualización ministerial.

i. Estructura del libro

La siguiente estructura literaria del libro de Daniel nos puede brindar algunas ayudas temáticas para la interpretación adecuada de la obra.
 1. Daniel 1.1–6.28
    a. Daniel y sus amigos en la corte babilónica: 1.1-21
    b. Primer sueño de Nabucodonosor: 2.1-49
    c. Los amigos de Daniel en el horno de fuego: 3.1-30
    (Adiciones deuterocanónicas: 3.31-97)
    d. Segundo sueño de Nabucodonosor: 4.1-37
    e. La escritura en la pared: 5.1–6.1
    f. Daniel en la cueva de los leones: 6.2-29
 2. Daniel 7.1–12.13
    a. Las cuatro bestias: 7.1-28
    b. El carnero y el macho cabrío: 8.1-27
    c. Las setenta semanas: 9.1-27
    d. Visión de Daniel junto al río: 10.1–12.13
    e. Revelaciones deuterocanónicas o apócrifas de Daniel: 12.1–14.42
        Daniel rescata a Susana: 13.1-64
        Daniel y los sacerdotes de Bel: 14.1-22
        Daniel mata al dragón: 14.22-42

Bibliografía

La siguiente bibliografía es solo una guía de lectura, y no pretende ser exhaustiva ni completa. El objetivo primordial es brindarle al lector o lectora algunas obras que le pueden ayudar en el estudio posterior de este importante libro profético.

Anderson, R.A., *Signs and Wonders. A Commentary on the Book of Daniel* (Grand Rapids, Wm. B. Eerdmans 1984).

Alonso, D.J., «Daniel», *La Sagrada Escritura* (Madrid: Cristiandad, 1971).

Alonso Schokel, L. y J.L. Sucre, *Profetas II* (Madrid: Cristiandad, 1980), pp.1221-1308.

Aranda, Gonzalo, *Daniel* (Bilbao: Desclée de Brouwer, 2006).

Collins, J.J., *Daniel. A Commentary on the Book of Daniel* (Minneapolis: Fortress Press, 1993).

Daniel, J.J., *The Apocalyptic Vision of the Book of Daniel* (HSM 16, Missoula, MO: 1977).

Hammer, R. *The Book of Daniel* (Cambridge: CBC, 1976).

Hartman, L. y A.A. Lella, Di, *The Book of Daniel* (AB 23, Garden City: 1978).

LaCoque, A. «Daniel» *Comentario Bíblico Internacional* (Estella, Navarra: Verbo Divino, 1999).

Lella, A.A.Di., *El libro de Daniel* (GEAT, Barcelona: 1999).

Russell, D.S. *Daniel* (Filadelfia: Westminster, 1981).

Schurer, E., *Historia del pueblo judío en tiempos de Jesús I* (Madrid: Cristiandad, 1985), pp.171-322.

1. Daniel 1.1–6.28

El libro de Daniel comienza con una serie de seis relatos que tienen un claro y firme propósito educativo: demostrar que la sabiduría divina y su extraordinario poder están por encima de los niveles de comprensión humana. Estas narraciones ponen claramente de manifiesto las virtudes que se relacionan con las personas que profesan su fe en el Dios de Israel, quien puede manifestar su poder redentor aun en medio del destierro babilónico.

Ezequiel y Daniel

El protagonista indiscutible de esta breve serie de historias cortas es Daniel, un joven judío que fue llevado al exilio tras el triunfo de los ejércitos babilónicos sobre Judá, y luego de la conquista y destrucción de la ciudad de Jerusalén. Ya en Babilonia, Daniel y sus compañeros —aunque son educados y nutridos en el ambiente de las tradiciones y costumbres babilónicas con el propósito de que pudieran servir bien en la corte del rey— deciden optar por ser fieles al Dios de sus antepasados, para mostrar la superioridad del Señor de Israel sobre las divinidades babilónicas.

Nuestro protagonista se destacó en Babilonia no solo por su inteligencia y sabiduría extraordinaria, sino también por su carácter y la firmeza de sus convicciones. Esos valores éticos y principios morales le inspiraron a no aceptar, de parte de sus cautivadores, beneficio alguno que le hiciera abdicar de sus creencias o quebrantar las normas religiosas y los mandamientos de la Ley mosaica. Estaba especialmente comprometido con las leyes dietéticas de la Ley de Moisés.

Guardar las leyes divinas en el corazón del imperio babilónico era una empresa riesgosa, que podía llevar directamente a la muerte. Sin embargo, aunque Daniel y sus amigos enfrentaron varias calamidades y torturas indecibles, el Señor les guardó de los peligros y las adversidades, y preservó sus vidas en medio de amenazas y pruebas crueles y humillantes. La gran lección de los relatos es que la fidelidad a Dios es fuente de esperanza y seguridad para el pueblo.

Posiblemente, en algún momento en la historia de la redacción, estos relatos circularon en el pueblo de alguna forma oral o literaria independiente. La lectura cuidadosa de las narraciones revela, además, que los redactores conocían bien las costumbres mesopotámicas durante el imperio persa. Esa comprensión se refuerza al identificar algunas palabras de origen persa en las narraciones. Finalmente, la mención de los instrumentos musicales con sus nombres griegos (véase Dn 3.4,7,10,15) también revela una composición o redacción posterior al período exílico, en la época helenista.

a. Daniel y sus amigos en Babilonia: 1.1-21

El primer capítulo de Daniel es una introducción o prólogo a toda la obra. Escrito en hebreo, el relato crea el ambiente y escenario necesarios para presentar a los personajes que van a protagonizar las experiencias

Daniel: Un hombre de visión

que se narran en la obra. El propósito básico del capítulo es afirmar que los jóvenes judíos eran buenos modelos de vida piadosa y de sabiduría, además de indicar que el Dios que ellos servían es más poderoso que las divinidades babilónicas.

El contexto de las narraciones es la corte real babilónica, que es una forma de indicar que estaban en medio de un ambiente totalmente pagano y abiertamente hostil a sus creencias religiosas y valores morales. Daniel y sus amigos deciden de forma abierta y desafiante rechazar las comidas babilónicas, con dos propósitos básicos: primero, afirmar las leyes dietéticas que se incluyen en la Ley de Moisés y, en segundo lugar, rechazar los alimentos que habían sido dedicados y consagrados a las divinidades e ídolos paganos. Participar de esas cenas era aceptar el politeísmo como una práctica religiosa natural y aceptable.

La respuesta divina ante esa actitud de fidelidad religiosa de Daniel y sus compañeros de destierro fue brindarles una excelente salud (v. 15), además de darles el don de una sabiduría que sobrepasaba el conocimiento y las ciencias de los magos y adivinos de Nabucodonosor, rey de Babilonia (v. 17). El mensaje teológico primordial del relato es que Dios les manifiesta su poder redentor y liberador a quienes mantienen su fidelidad en momentos de crisis personales y reafirman su lealtad en tiempos de adversidad nacional (Dn 3.19-30).

1-7: Desde el comienzo del relato se ven las dimensiones políticas de la narración. Las personas cautivas son preparadas para servir en las cortes de los opresores. De esa forma se manifiesta en el relato un doble nivel histórico: a la vez que se habla del cautiverio en Babilonia se prepara el ambiente para aplicar las enseñanzas a la crisis del siglo segundo con las políticas de Antíoco IV Epífanes.

El tercer año del reinado de Joacim es el 606 a. C., según las narraciones bíblicas (2 R 23.36-24.6). De otras fuentes extra bíblicas sabemos que en esa fecha Nabucodonosor era el príncipe heredero del trono babilónico y jefe de los ejércitos, pues su padre, Nabopolasar, estaba aún vivo. Nabucodonosor llegó realmente a ocupar el trono en el 605, después que la victoria de Carquemish garantizó la hegemonía babilónica sobre Siria y Palestina.

Las referencias a Babilonia se hacen mencionando a Sinar, que es su antiguo nombre hebreo (Gn 10.10; 11.2; Is 11.11; Zac 5.11), y esto le da a la narración un claro sentido de antigüedad. La inclusión de los utensilios de la casa de Dios en el relato prepara el camino para la narración del banquete ofrecido por Belsasar (Dn 5.2-3). La referencia al dios babilónico es a Marduk, también conocido como Bel, que significa «señor». El jefe de los eunucos, Aspenaz, era, en efecto, el director de los servicios reales y el jefe de la administración del palacio. Su nombre es posiblemente de origen persa, y su etimología no es del todo conocida.

El mandato a Aspenaz fue directo y firme: que preparara adecuadamente a los jóvenes de la realeza judía que habían llegado al exilio para que sirvieran debidamente en el palacio babilónico. Esa preparación incluía dos elementos básicos: la educación y la alimentación. Desde la perspectiva educativa, debían conocer el idioma babilónico y la literatura caldea; además, debían ser inteligentes, de buen parecer y conocedores de sabiduría y ciencia —es decir, debían ser bien educados y físicamente hábiles. ¡El rey necesitaba el mejor personal de servicio!

La educación que debían recibir los jóvenes judíos era intensa y especializada. En primer lugar, duraba tres años (v. 5), de acuerdo con las prácticas persas tradicionales. Además, debía prepararlos para que sirvieran como magos y adivinos del monarca (Dn 2.2-4), lo que era una responsabilidad muy importante en la antigua corte babilónica. Daniel y sus amigos debían conocer bien los textos babilónicos antiguos —particularmente los que pertenecían al mundo de la magia, la adivinación y la astrología—, para ejercer sus tareas efectivamente.

Los caldeos eran una tribu antigua que habitaba el sur de Babilonia y que con el tiempo llegó a dominar todo el país y la región. Nabucodonosor pertenecía a esa dinastía. Con el tiempo, por la influencia babilónica en el mundo antiguo, la referencia a los caldeos aludiría a quienes se especializaban en la magia, la astrología y las ciencias ocultas.

El cambio de nombres en la antigüedad era un signo de poder y autoridad sobre lo nombrado (Gn 2.19-20; 41.45; 2 R 23.34; 24.17). En este caso, el jefe de los eunucos cambió los nombres hebreos de Daniel y sus amigos, dándoles nombres babilónicos como señal de transformación. A Daniel le puso Belsasar; a Ananías (en hebreo, «el Señor es misericordioso»), Sadrac; a Misael (en hebreo, «¿Quién pertenece al Señor?»), Mesac; y a Azarías (en hebreo, «el Señor ha socorrido»), Aben Nego. Esto era una forma de iniciarlos al nuevo mundo babilónico. Ahora tenían dos nombres, uno pagano y otro judío, y esto describía adecuadamente la dual realidad social, histórica, política y religiosa en que vivían.

Daniel: Un hombre de visión

8-21: Sin embargo, la reacción de Daniel no se hizo esperar: «Propuso en su corazón no contaminarse con la porción de la comida del rey ni con el vino que el bebía» (v. 8). Posiblemente ese rechazo radical de Daniel se relaciona con la dedicación de la comida a los ídolos babilónicos (Dt 32.38; 1 Co 10.21), y también con el hecho de que la cocina caldea preparaba animales que para las leyes mosaicas (Lv 11; Dt 14.3-21) eran impuros o no habían sido procesados adecuadamente desangrándolos (Dt 12.23-24).

La reacción del jefe de los eunucos fue de rechazo, no solo por la actitud del joven, sino por la posible reacción del rey al notar que no se habían cumplido sus órdenes. Los jóvenes, sin embargo, convencieron al delegado del rey de que llegarían ante el monarca con mejor semblante y más saludables que el resto del grupo que se alimentaba con las dietas reales de Babilonia.

Y, en efecto, al cado de diez días, lo que simboliza un período adecuado de educación, los cuatros muchachos judíos llegaron ante el rey con más conocimientos e inteligencia que el resto del grupo. Dios les había dado entendimiento en toda visión y sueños. El Señor les había honrado al darles la capacidad pertinente para responder a los reclamos del monarca. ¡Dios les brindó el conocimiento necesario y les dio la inteligencia requerida! Cuando el rey habló con ellos descubrió el gran nivel intelectual y la extraordinaria capacidad que tenían, y los destacó para su servicio directo.

La interpretación de sueños era una función de gran importancia en las cortes antiguas del Oriente Medio. Era una forma de estar en contacto con las divinidades y brindaba a los reyes una forma alternativa de comprender e interpretar la realidad política y social de los pueblos. En las Sagradas Escrituras se indica que, en ocasiones, Dios puede valerse de sueños para revelar su voluntad a la humanidad (Nm 12.6; 1 R 3.5; Jl 2.28; Mt 1.20; 2.12). A la vez, el mensaje bíblico señala los posibles engaños y las complejidades interpretativas en relación con los sueños (Jer 23.25; Zac 10.2).

El primer año del rey Ciro es el 538 a. C. (Esd 1.1), y el objetivo de esta referencia es indicar que Daniel fue liberado de su cautiverio en las cortes babilónicas al llegar el nuevo monarca a gobernar el imperio.

La afirmación de que Daniel y sus amigos poseían una inteligencia superior a la que se encontraba en Babilonia (vv. 19-20) es una manera indirecta y sobria, pero firme y decidida, de introducir los temas que posteriormente en el libro van a desarrollarse: Daniel poseía el don de interpretar sueños y de descifrar enigmas extraordinarios y complejos. Esa particular capacidad interpretativa lo ubica en un sitial de honor en el imperio babilónico.

De fundamental importancia es el tema de la lealtad al comenzar el libro de Daniel. Estos jóvenes judíos decidieron no contaminarse con la comida que les ofrecía el rey. En efecto, el gran mensaje de la obra es que el Dios de Israel es capaz de intervenir de forma extraordinaria y liberadora en medio de las adversidades y crisis de la vida si el pueblo es leal a los postulados divinos. En el caso particular de Daniel y sus amigos, esa fidelidad se pone de manifiesto en medio de la corte babilónica y ante las presiones del gran Nabucodonosor.

Daniel y sus amigos mostraron que la fidelidad mueve la mano de Dios, lo cual es ciertamente un tema recurrente y destacado en el libro. Cuando las personas son leales a sus principios y valores, Dios les honra con el poder de la liberación. Cuando la gente decide mantener la integridad en medio de las presiones de los imperios humanos, el Señor responde a esas actitudes con poder transformador.

b. Daniel interpreta el sueño de Nabucodonosor: 2.1-49

Este revelador y extraordinario relato pone claramente de manifiesto uno de los temas más importantes y característicos del libro de Daniel en particular, y de la literatura apocalíptica en general: se describe en una visión fantástica la historia de la humanidad como un todo —aunque dividida en partes. El propósito del relato es demostrar la superioridad de la sabiduría divina sobre la magia, la astrología y la adivinación babilónicas y caldeas, que eran muy famosas y apreciadas en la antigüedad. Lo que los magos babilónicos no pudieron hacer, Daniel lo logró con la ayuda divina.

La lectura detenida del pasaje, que cambia de idioma del hebreo al arameo (v. 4) al presentar los diálogos de los sabios con el rey, revela similitudes con las narraciones de José en la corte del faraón (Gn 40-41). La lección teológica fundamental que el autor desea transmitir es que el Dios de Israel es «Dios de dioses, Señor de los reyes y el que revela los misterios» (v. 47). En efecto, en medio de un ambiente como el caldeo, politeísta y hostil (v. 2) hacia la fe del pueblo judío, el Señor manifestó su poder extraordinario y salvador. ¡El sabio Daniel interpretó correctamente el sueño del rey!

Posiblemente este relato se transmitió de forma oral o escrita, independientemente del capítulo anterior e inicial de la obra en su forma actual. Ese detalle literario e histórico se pone en evidencia porque la narración de escribe en arameo, y no en hebreo (2.4), y porque hay una imprecisión histórica respecto a las fechas del reinado de Nabucodonosor (cf. Dn 1.5,18 y 2.1).

La visión del rey Nabucodonosor consiste de una estatua colosal hecha de oro, plata, bronce, hierro y barro. Es una sola estatua que representa la historia humana en su totalidad, construida con cuatro metales y cinco elementos —que representan la misma historia, pero dividida en diversos períodos. Cada uno de esos períodos representa, a su vez, distintas etapas en el desarrollo pleno de la voluntad divina para la humanidad. La imagen descrita puede asociarse con las estatuas antiguas erigidas en Menfis, Rodas, Atenas y Roma.

El plan divino, que se presenta en la visión como misterioso y velado, va manifestándose de forma paulatina y sistemática en medio del devenir de la historia humana, hasta que se muestra de forma plena y permanente al final del tiempo presente, cuando Dios sustituirá de manera definitiva a los imperios humanos (v. 45), para llenar de esperanza y brindar seguridad a su pueblo (vv. 34-35; 7.14, 27).

1-12: La presentación del relato del sueño de Nabucodonosor describe a un gobernante emocionalmente frágil y con un sentido de grandeza extraordinario. Un sueño le turbó en gran manera, de modo que hizo llamar a su equipo de apoyo espiritual: magos, astrólogos, encantadores y caldeos (en referencia a la adivinación).

Los oficiales en asuntos religiosos y revelaciones del palacio pidieron —en su idioma vernáculo, el arameo— que el rey les comunicara el sueño. Sin embargo, para probar la sabiduría de sus consejeros, el rey les indicó que debían también decirle el sueño que había tenido y lo mantenía turbado. ¡El monarca quería que primero le dijeran el sueño y luego le presentaran su interpretación!

Los sabios persas indicaron repetidamente que tal cosa era prácticamente imposible. Añadieron que no había persona alguna en la tierra que pudiera hacer semejante tarea (v. 10). Solamente «los dioses cuya morada no están entre los hombres» (v. 11) tienen esa capacidad extraordinaria. Esas repetidas confesiones de impotencia y falta de sabiduría preparan el ambiente para presentar posteriormente el carácter sobrenatural y extraordinario de la sabiduría de Daniel.

Ante la negativa de los magos y encantadores, el rey dispuso que les mataran junto a todos los sabios del imperio (v. 12). La reacción de Nabucodonosor fue violenta y descabellada, pues incluyó en el edicto de muerte a personas que no estaban en la corte tratando de descifrar el sueño enigmático del monarca. Se pone de manifiesto de esa forma la salud mental del monarca, de acuerdo con la narración. La unión del poder y la locura en un monarca puede generar este tipo de matanzas descabelladas.

13-23: Quienes ejecutaban el edicto real llegaron hasta Daniel y sus amigos, que eran considerados como parte del grupo oficial de sabios del monarca, para que también fueran ejecutados (v. 13). La reacción de Daniel ante la pena capital fue sobria y sabia. Le preguntó al oficial persa que ejecutaba la orden real, Arioc, el motivo de un edicto tan apresurado y mortal. Luego que el oficial le explicara los antecedentes del caso, Daniel le pidió tiempo al rey para brindarle la interpretación correcta del sueño, a la vez que solicitó a sus amigos que imploraran por la misericordia de Dios, para descifrar «el misterio» (v. 18), pues en su defecto todos morirían.

El misterioso sueño le fue revelado a Daniel, junto a su interpretación. Ante esa manifestación tan extraordinaria e inusitada del poder divino, Daniel bendijo a Dios con un himno de alabanza (vv. 20-23). En el himno le agradece al Señor la revelación del sueño e incorpora varios de los temas centrales en todo el libro: el Dios de Daniel e Israel es Señor eterno, tiene sabiduría y poder, controla los tiempos, quita y pone reyes, es quien brinda la sabiduría y ciencia, revela lo escondido y conoce lo que se oculta. Finalmente, Daniel le reconoce como el Dios de sus antepasados y como la fuente indispensable de su sabiduría y fuerza.

24-28: Luego de recibir la interpretación divina del sueño, Daniel solicitó audiencia al rey a través del oficial persa encargado de ejecutar la pena de muerte entre los sabios del reino. Arioc llevó a Daniel ante el rey y le presentó como un joven judío que formaba parte de los deportados de Jerusalén, y cuyo nuevo nombre era Beltsasar.

Daniel rápidamente se llegó ante el rey y le indicó que había recibido el sueño y su interpretación del Dios que está en los cielos —lo que es una

Daniel: Un hombre de visión

forma de afirmar y magnificar el poder divino. El sueño era un verdadero «misterio» (v. 47), pues contenía del destino final de su reinado y de los que vendrían posteriormente hasta el fin de los tiempos (v. 28). La comprensión e interpretación de este tipo de misterio o revelación no se logra con la administración de fórmulas mecánicas humanas, sino con la manifestación extraordinaria del poder de Dios.

La revelación del sueño y su interpretación le llegó a Daniel luego de una preparación adecuada y pertinente: la oración. Reconocía nuestro protagonista el peligro inminente en el cual se encontraba, por lo que recurrió a la oración y a la confianza en Dios para superar este desafío formidable y peligroso. La capacidad e inteligencia de Daniel, según la narración bíblica, le llegan como producto de la intervención divina, y no son resultado de sus habilidades humanas.

29-45: El sueño era la visión de una imagen colosal. La cabeza era de oro fino; el pecho y los brazos, de plata; el vientre y los muslos, de bronce; sus piernas, de hierro; y sus pies, en parte de hierro y en parte de barro cocido. Una vez que Daniel miró la imagen, una piedra que no fue cortada por mano humana alguna hirió la imagen en su base, que fue desplomándose y desmoronándose paulatinamente, hasta que sus diversas partes se desmenuzaron y desvanecieron con el viento. Sólo quedó un monte de la piedra que hirió la imagen, y ese monte llenó toda la tierra.

La visión y el relato dividen la historia del Oriente Medio antiguo en cuatro partes, desde el siglo sexto hasta el segundo antes de Cristo. Y, aunque la interpretación del simbolismo no es totalmente segura, un grupo importante de estudiosos y exegetas sugiere que los imperios aludidos en la visión se relacionan con las siguientes naciones: Babilonia, Media, Persia y Macedonia/Grecia. Este esquema de poderes políticos antiguos sucesivos también aparece en otra literatura antigua (p.ej., Hesíodo, Polibio y Ovidio). Otra posible interpretación de los reinos es que el segundo reino es el medo-persa; el tercero, el griego; y finalmente, el cuarto, el romano. A esos imperios seguirá el reinado extraordinario de Dios.

La interpretación de Daniel fue la siguiente: el reino de Nabucodonosor es la cabeza de oro; y posteriormente están el imperio de los medos, de plata; los persas, de bronce; y el grecorromano, de hierro, que finalmente se dividió en dos regiones, de barro y hierro: el de los lágidas, en Egipto, y el de los seléucidas, en Antioquía, de Siria. El imperio greco-macedónico es más fuerte que los anteriores, pero por su extensión es extremadamente frágil —sus bases son débiles. Todos esos imperios están condenados al fracaso y la destrucción.

Como los pies del gigante son de barro, basta una piedra para destruirlo y derribar la estatua colosal. Por su parte, la piedra es indestructible y no es movida por mano humana (v. 34), para enfatizar que quien está guiando todo este proceso de destrucción de grandes imperios es Dios mismo. La intervención divina se pone de manifiesto de forma clara: el Señor actúa independientemente de las potencias humanas. La piedra que es movida por Dios se convierte en una gran montaña, una roca enorme (Nm 20.8; Dt 32; Is 8.14; 51.1) que tiene la capacidad y el poder de llenar la tierra. De una pequeña piedra, Dios hace una gran roca, capaz de destruir los imperios humanos, que son idólatras y paganos.

46-49: La sección final de la narración presenta a Nabucodonosor reconociendo el poder divino en Daniel. El acto del monarca de postrarse y humillarse ante nuestro protagonista es poco usual, pues Daniel no protestó ni lo rechazó. Esta profesión y confesión de fe del monarca pagano es una especie de anticipación del reconocimiento divino universal que se pondrá de manifiesto en los tiempos finales de la historia, cuando las naciones del mundo reconozcan y sirvan al Señor (Dn 7.27).

El relato finaliza con la decisión del rey de nombrar a Daniel gobernador de la provincia de Babilonia y jefe de todos los sabios del reino. Por su parte, Daniel solicitó favores también para sus amigos, en una magnífica muestra de solidaridad y fraternidad.

Una vez más, este sueño de Nabucodonosor, interpretado por Daniel, se asemeja a las narraciones de José en Egipto, quien como respuesta a sus habilidades interpretativas fue hecho jefe principal del reino. Estas referencias finales del capítulo en torno a los amigos de Daniel, además, preparan el camino para la próxima narración, en la cual nuestro protagonista está ausente.

Este relato pone de manifiesto un importante componente político en el libro de Daniel: los imperios humanos, aunque parezcan fuertes e invencibles, tienen los pies de barro, y Dios sabe de dónde sacar la piedra que los puede destruir. Se pone de relieve en la narración que Dios es superior a los gobernantes humanos, aunque estos se crean invencibles y poderosos.

Daniel: Un hombre de visión

El Dios eterno, según el mensaje de Daniel, tiene la capacidad y el deseo de destruir los gobiernos que no reconozcan sus valores como principios éticos y morales. Cuando los gobiernos y los imperios se creen que no necesitan de Dios para vivir, están encaminados a la destrucción, pues, aunque tengan la cabeza de oro, sus pies son de barro.

c. *El horno de fuego*: 3.1-30

La narración de este capítulo se relaciona muy poco con el resto de la obra. Para comenzar, en este episodio no se menciona siquiera a nuestro protagonista. Los héroes son los amigos de Daniel, que también muestran gran fidelidad y sabiduría.

En esta ocasión, los amigos de Daniel son identificados solamente por sus nombres babilónicos. Sin embargo, mantienen la lealtad a Dios en momentos de extrema dificultad, aun cuando sus vidas peligran. La lección fundamental del relato es que el Dios de Israel tiene el poder y la disposición de proteger a su pueblo si este se mantiene fiel en medio de la crisis.

Este relato incluye una serie de detalles literarios y estilísticos que no deben obviarse ni ignorarse. La narración repite, afirma y reitera varias palabras, ideas y expresiones (por ejemplo, nombres de instrumentos musicales [vv. 5, 7, 10, 15], títulos de funcionarios reales [vv. 2, 3] y algunas frases estereotipadas [vv. 4, 7]). De esta forma, el redactor final de este capítulo subraya y enfatiza varios temas que desea poner de manifiesto.

Una de estas frases de gran importancia narrativa y teológica en el relato es «la estatua que el rey Nabucodonosor ha levantado» (vv. 3, 5, 7 y también, vv. 12, 14, 18). Esa expresión, que tiene un nivel despectivo indirecto, no debe subestimarse. La narración tiene un propósito didáctico fundamental: el Dios bíblico tiene la capacidad y el deseo de intervenir y salvar a su pueblo aun en medio de situaciones extremas, adversas e inimaginables. Ese mensaje infunde en el pueblo confianza, esperanza y sentido de futuro.

1-12: Este capítulo continúa el tema de la megalomanía del monarca. A Nabucodonosor se le ocurrió erigir una estatua enorme que todas las personas y naciones debían venerar y reconocer. Posiblemente estamos ante un monumento oficial o estatua real que ponía de manifiesto el concepto que tenía de sí mismo el famoso monarca babilónico. La exigencia real era que se le rindiera culto a la estatua, so delito de desacato y pena de muerte en un horno de fuego.

Ante esas exigencias irracionales, los jóvenes judíos amigos de Daniel decidieron actuar en resistencia pasiva. Frente a los avances idólatras del rey, los amigos de Daniel presentaron un programa firme de desobediencia civil, en abierto desafío a las órdenes del monarca. Para estos jóvenes resistentes era mejor obedecer las leyes morales y éticas de Dios que las normas descabelladas del imperio. En la tradición del primer capítulo del libro, los jóvenes fundamentaron sus convicciones en sus valores religiosos tradicionales.

La estatua, de acuerdo con la narración, tendría unos ¡treinta metros de altura y unos tres de ancho! Quizá, más que una estatua con rasgos humanos, se tratara de un obelisco o estela. Era, en todo caso, una representación física del poder del monarca. La orden de reconocerla y adorarla es una manera de imponer, sobre sus súbditos, su poder y autoridad. El protocolo de reconocimiento incluía a todos los oficiales del reino: sátrapas, magistrados, capitanes, oidores, tesoreros, consejeros, jueces y todos los gobernantes.

13-18: Ante la respuesta firme y decidida de los jóvenes judíos, algunas personas fueron ante el rey para acusar al grupo que hacía desobediencia civil (vv. 9-12). La reacción inmediata del monarca fue de cólera. Los hizo traer ante su presencia, para corroborar la actitud desafiante del grupo. Nabucodonosor deseaba comprobar la reticencia y el rechazo de los amigos de Daniel.

Una vez ante él, Nabucodonosor les preguntó si era verdad su rechazo y desprecio a la estatua y a las órdenes reales. Además, les recordó que el rechazo a la orden real conllevaba la pena de muerte, y muerte en el horno de fuego. En el diálogo, el rey iracundo y arrogante preguntó, con prepotencia absoluta, qué dios les podría liberar de sus manos (v. 15).

Los jóvenes judíos pusieron de manifiesto su fe: rechazaron la adoración de la estatua y se negaron a obedecer al monarca. En ese contexto de diálogo y reflexión, hacen una afirmación teológica de gran importancia. Le dijeron al rey que el Dios de sus antepasados les podía liberar del fuego, pero aunque no los liberara, ellos no adorarían la estatua pagana. La respuesta de los jóvenes fue valiente y atrevida, pues se jugaban la vida con sus decisiones, actitudes y expresiones.

Daniel: Un hombre de visión

Esa declaración teológica de los jóvenes judíos se ha convertido en un puntal moral que ha guiado a muchos mártires a través de la historia. La salvación física de una adversidad no es el fundamento de la decisión de los jóvenes. La base para tomar sus decisiones es la fidelidad a Dios, les libere o no de la crisis o del conflicto. Los jóvenes judíos no esperaban recompensa alguna de Dios al poner de manifiesto su fe. El amor a Dios en los jóvenes superó el temor a la muerte.

19-30: Esta sección presenta el episodio en el cual el monarca ejecuta la pena de muerte contra los jóvenes judíos y los envía al horno de fuego. Sin embargo, para enfatizar su ira, les ordena a los encargados del horno que lo calienten siete veces más —número que es una manera bíblica de enfatizar lo completo del fuego, la perfección de la llamas, la totalidad de la pena de muerte. El horno estaba siete veces más caliente para destrozar inmediatamente a los jóvenes desobedientes.

Para añadir realce e intriga, el narrador bíblico indica que quienes llevaban a los jóvenes al fuego (v. 22) cayeron muertos ante el calor intenso y las llamas. Finalmente, los jóvenes fueron echados al fuego. Según el relato, los tres fueron echados a las llamas, pero el rey vio a cuatro personas caminando en el horno. Inclusive, el monarca indica que uno de los caminantes tenía el aspecto de un hijo de los dioses (v. 25). Entonces los mandó a sacar del horno y reconoció el poder del Dios de los jóvenes judíos (v. 29).

El tema del fuego es importante en esta narración bíblica. La salvación del pueblo de Israel en el éxodo fue la liberación del horno de Egipto (Dt 4.20). Nabucodonosor manda atar a los jóvenes, lo que se asemeja a la« atadura» de Isaac (Gn 22); pero una intervención divina a última hora significa la salvación.

La figura del cuarto hombre en el horno es significativa. Ese personaje tiene aspecto de «hijo de los dioses o de Dios» —una expresión semejante a otra que se incluye posteriormente en el libro (Dn 7). Y aunque Daniel no aparece en el relato, no puede ignorarse que nuestro protagonista está también lleno del mismo «espíritu de los dioses o de Dios» (Dn 4.5, 6, 15; 5.12). Quizá el redactor de la obra pensó en Daniel cuando editó finalmente este relato. Lo que es cierto, sin lugar a dudas, es que ese cuarto personaje representa el poder divino que tiene la capacidad extraordinaria de preservar la vida, aunque la gente esté en el horno de fuego más intenso de la existencia.

Versión griega: Luego del versículo 23, el texto de la Septuaginta incluye dos porciones deuterocanónicas de cierta importancia. La primera es la oración de Azarías (vv. 24-45) y la segunda el Cántico de los tres jóvenes (vv. 46-90). La verdad es que se trata de dos adiciones tardías a las narraciones de Daniel, que le añaden una dimensión teológica particular a la narración del horno de fuego. Para los redactores griegos era adecuado incorporar estas oraciones y expresiones de gratitud en el contexto de la salvación de unos mártires.

24-27: La salvación de los jóvenes se produce en el horno, no al salir de las llamas. La afirmación teológica es sumamente importante: Dios interviene y vive en medio de las realidades existenciales de su pueblo. El Dios de los amigos de Daniel no se quedó afuera del horno y envió un ángel para que les acompañara, sino que manifestó sus virtudes en medio de las llamas y las crisis. ¡Fue uno más en el fuego!

28-30: Culmina la narración con una afirmación teológica de parte del rey babilónico. Nabucodonosor reconoce que el Dios de los jóvenes judíos tiene la capacidad de salvar a su pueblo. El monarca, famoso por sus episodios de demencia, ahora se convierte en adorador, pues bendice al Señor de los jóvenes judíos. Y en el mismo acto declara la pena de muerte a quienes no reconozcan a este Dios como su señor.

Los temas teológicos de actualidad en este capítulo son varios. En primer lugar, hay que señalar el poder y la virtud de la desobediencia civil. Los jóvenes judíos decidieron —aunque les costara la vida— rechazar las órdenes psicopáticas del rey para obedecer sus conciencias. Esa valentía es digna de emular y afirmar.

Además, en torno a este mismo capítulo, hay que señalar que, aunque Dios permitió que los jóvenes llegaran al horno, no los dejó solos. Un sentido extraordinario de compañía se manifestó en medio de un horno que estaba siete veces más caliente que de costumbre. El horno simboliza las grandes dificultades de la vida. Aun en medio de ese horno inhóspito e irracional, Dios es capaz de acompañar y salvar a su pueblo.

d. *La locura de Nabucodonosor: 4.1-37*

Este es un capítulo de gran importancia en el libro de Daniel, pues presenta al famoso monarca babilónico desorientado, confuso, demente. Dominado por una serie de fuerzas irracionales de ansias de poder y autoridad (vv. 22-30), Nabucodonosor llega a un nivel tal de arrogancia y soberbia que se cree capaz de llegar al cielo, lo que es hacerse semejante a Dios mismo.

Como respuesta divina a esa actitud megalómana y descabellada, Dios sumerge a Nabucodonosor en un estado intenso de locura que lo lleva a actuar como los animales del campo. Posteriormente, el Señor le devuelve su salud mental y su dignidad real cuando, con el gesto de mirar al cielo (v. 34), reconoce la grandeza y las virtudes del Dios de Israel. Con esa actitud de humillación y humildad, aceptó el poder divino y recobró su sobriedad y salud emocional.

El contexto literario y psicológico de este episodio es que el rey tiene un sueño que le preocupa, como en el capítulo dos del libro. En el sueño, que es una especie de premonición, Nabucodonosor tiene la visión de un árbol gigantesco, ¡que llega hasta el cielo (v. 11)! Como el árbol era frondoso, los animales tomaban la sombra bajo su follaje y los pájaros del campo hacían nido en sus ramas. La imagen es de un árbol ideal. El rey cuenta el sueño con insistencia y asombro, pues ha quedado abrumado por el desenlace, en el que el árbol frondoso es cortado con violencia.

1-3: El relato se presenta como si fuera una carta circular o encíclica a toda la nación y a los pueblos dominados por Babilonia. El monarca saluda de la forma real característica, deseándoles la paz y el bienestar a todos sus súbitos. Y añade que es conveniente declarar lo que el Señor Altísimo le ha concedido y hecho. Esta introducción es una especie de retrospección y reflexión, luego de superar la crisis de la demencia que posteriormente revelará. El texto ya revela que el rey ha reconocido el favor divino.

4-12: En esta sección se describe, en primera persona singular, lo que le sucedió. Nabucodonosor revela que tuvo un sueño que le incomodó y preocupó. Para interpretar ese sueño, una vez más el monarca llama a los magos, astrólogos, caldeos y adivinos del reino para que descifren el sueño. En esta ocasión, a diferencia del sueño de la estatua gigante (Dn 2), el rey les declara su sueño abiertamente a los sabios oficiales y posibles intérpretes de la visión.

Como esos sabios reales no pudieron interpretar adecuadamente el sueño del rey, llamaron a Beltsasar o Daniel, quien era el jefe de los sabios del imperio, para que procediera con la interpretación correcta del sueño. En esa ocasión, sin embargo, el monarca babilónico reconoce abiertamente que en Daniel habita «el espíritu de los dioses o de Dios»

(v. 9), que le permite interpretar correctamente sueños y visiones, y descifrar los misterios.

El sueño del árbol gigante revela un sentido de arrogancia real y de soberbia incalculable. Según la interpretación de Daniel, ¡el propio rey soñador es el árbol! Previamente, Ezequiel había comparado al faraón de Egipto con un árbol grande, por su soberbia y prepotencia (Ez 31.2-11; véase, además, Is 14.4-20; Ez 28.1-19). En esa tradición profética, la soberbia y arrogancia en los gobernantes los hace insensibles e irracionales y los vuelve apáticos a las necesidades del pueblo. Esas actitudes descabelladas preparan el camino para la autodestrucción.

13-17: El rey continúa el relato del sueño. En esta ocasión el árbol gigante es cortado y súbitamente su entorno ideal y paradisíaco se transforma radicalmente. Solo quedará un tocón del que fuera un árbol frondoso y hermoso. Esos cambios abruptos, que durarán siete tiempos o años (v. 16), responden al reclamo, el decreto y las órdenes de «los vigilantes» (v. 17). El propósito es que los vivientes conozcan que el Dios Altísimo gobierna sobre la humanidad.

La referencia a que el «corazón» del hombre será cambiado (v. 16) es la forma semítica de aludir a los cambios de actitud, pues se pensaba que del corazón surgían los pensamientos y la razón. En el sueño se alude a los ángeles como «vigilantes» (v. 17) —lo que ciertamente puede ser una influencia del pensamiento y la ideología persas. Esta es la única ocasión en la Biblia donde los ángeles son descritos de esta manera.

18-24: En esta sección del relato, el rey le pide a Daniel que interprete el sueño, pero el joven judío se siente abrumado, sobrecogido y preocupado por la comprensión que tiene de la visión del monarca. De acuerdo con la interpretación de Daniel, el futuro de Nabucodonosor, en el mejor de los casos, era sombrío y crítico; y en el peor, era un porvenir de locura. El árbol ideal, que representa al monarca, no prevalecerá. Será talado, aunque quedará un tocón —que puede ser un signo tenue de esperanza y restauración—, pero aun ese tocón remanente estará atado a la hierba por cadenas de hierro.

Sin embargo, según Daniel, el rey puede cambiar el cumplimiento del sueño y transformar o evitar las calamidades anunciadas si se dedica a hacer el bien y las buenas obras —particularmente si actúa con misericordia hacia las personas oprimidas y necesitadas del pueblo. Si el rey acepta el consejo del intérprete, puede mantener su cordura emocional y su estabilidad mental (v. 27). Si el rey actúa con justicia, no solo su porvenir puede cambiar para bien, sino que el futuro de la humanidad puede también transformarse positivamente.

25-30: Parece que los consejos de Daniel no fueron aceptados por el rey, pues esta sección describe la demencia de Nabucodonosor. Luego de doce meses —un tiempo prudente que le permitiría la reflexión y el análisis sobrio y meditado— el monarca babilónico cae enfermo y pierde sus facultades mentales. Su comportamiento es el de un animal, pues se cumplen al pie de la letra las predicciones e interpretaciones de Daniel: el rey acabó viviendo en el campo, a la intemperie, a merced de la naturaleza, solo, desorientado…

31-37: Sin embargo, la última palabra del rey no es de demencia. Como ya había anunciado Daniel, la conversión del rey le devuelve la salud mental. Ese acto de conversión, descrito en el pasaje como que «alzó los ojos al cielo», es una forma de reconocimiento del poder divino (v. 34). Con ese acto de reconocimiento divino, le fueron devueltas la dignidad real, la salud emocional y la capacidad para vivir nuevamente en el palacio, en medio de su pueblo y sus súbditos. Dios le devolvió lo que anteriormente poseía, y se lo regresó con creces (v. 36).

El reconocimiento divino de Nabucodonosor se manifiesta de varias formas. En primer lugar, alzó su mirada a los cielos, lo que era una manera figurada de referirse a la comunicación con Dios. Además, glorificó al Señor con un salmo digno de ser incorporado en el Salterio (vv. 34b-35). Y «alabó, engrandeció y glorificó al Dios del cielo» (v. 36) por su sanidad y restauración en el reino.

La frase final del relato revela el corazón del su mensaje (v. 37): las obras de Dios son verdaderas y sus caminos son rectos; y además, el Señor tiene el poder y la voluntad de humillar a la gente soberbia, altanera, arrogante y prepotente. De esta forma, el mensaje central del pasaje se pone en evidencia al final de la narración. El camino de la arrogancia lleva a la autodestrucción.

Un componente importante de este relato es la llamada conversión de Nabucodonosor. De acuerdo con el texto bíblico, el monarca babilónico hizo una serie de afirmaciones de reconocimiento del Dios de Israel. Esa visión universal de la experiencia religiosa también se manifiesta en los capítulos anteriores del libro de Daniel.

Ezequiel y Daniel

Este es un detalle de gran importancia teológica, pues eran tiempos de incomunicación religiosa. No era esa la época de los diálogos inter-confesionales, inter-religiosos o ecuménicos, sino momentos de afirmación nacionalista y de competencia entre las divinidades locales y nacionales. Por esa razón, llama la atención ese interés continuo que muestra el libro de Daniel de afirmar que los monarcas extranjeros (p.ej., Nabucodonosor y Darío) reconocen la supremacía divina sobre sus ídolos nacionales. Ese pensamiento religioso progresista es posterior al exilio, cuando el pueblo se expuso a nuevas corrientes teológicas y religiosas y comenzó el proceso reflexivo que les llevó al desarrollo de una fe mucho más abierta y receptiva a las influencias de otras comunidades de fe.

La evidencia histórica a nuestra disposición no revela que Nabucodonosor haya perdido sus facultades mentales en algún momento de su vida. Sin embargo, es muy probable que en la comunidad babilónica antigua se hayan conocido leyendas y relatos de la demencia del último rey babilónico, Nabónido. Aunque quizá este monarca gozaba de buena salud, ante los ojos de sus súbditos actuaba de forma extraña, al refugiarse por períodos largos en su retiro del oasis de Tema, en Arabia. Quizá quienes se encargaron de transmitir esas noticias de la demencia del rey fueron los mismos sacerdotes que habían sido marginados y desplazados cuando el monarca favoreció el culto al dios lunar Sin. En ese entorno de relatos de demencia acerca del rey babilónico, el texto bíblico relaciona esas leyendas populares con Nabucodonosor, el monarca que conquistó Judá y destruyó Jerusalén. Posiblemente esa insanidad se contaba previamente de Nabónido, y con el tiempo se relacionó con Nabucodonosor.

La referencia a la falta de salud de Nabónido se reitera en los manuscritos descubiertos en el mar Muerto. En un fragmento importante de la llamada «Oración de Nabónido», el rey describe en primera persona cómo Dios le afligió con una enfermedad en la piel que le impidió vivir en comunidad por siete años. Entonces, el Señor le envió un mensajero judío que le enseñó a confesar sus pecados y a rechazar la idolatría. Así recobró su salud.

e. La escritura en la pared: 5.1-31

Este relato presenta la celebración de una gran fiesta en la corte babilónica. En medio de la celebración del banquete real, surge la escritura enigmática en la pared que consterna al monarca y desafía a los sabios del imperio. Una vez más, la lectura e interpretación del mensaje en el muro revela el poder extraordinario de Daniel, quien descifra el mensaje y desafía al monarca. El mensaje de la narración es claro: Dios le concedió a Daniel el don extraordinario de la interpretación de sueños, visiones, revelaciones y enigmas.

La literatura israelita luego del exilio imaginaba a los grandes monarcas del pasado celebrando fiestas pomposas y eventos extravagantes (p.ej., Est 1). La presencia de las mujeres y las concubinas del harén del rey en teles eventos revela el carácter moral de la celebración: ¡Eran orgías! Respecto a este componente moral, es importante indicar que Antíoco IV Epífanes introdujo las llamadas «prostitutas sagradas» en el Templo de Jerusalén, cosa que debe haber ofendido a la comunidad judía de forma extrema.

Junto a las dinámicas sexuales del banquete también se incluían elementos religiosos. En medio de las celebraciones, los asistentes al evento alabaron a los dioses, descritos en el relato como de oro y plata, bronce, hierro, madera y piedra. El relato bíblico relaciona las orgías con la idolatría en este banquete pagano auspiciado y convocado por el rey de Babilonia.

1-9: En medio de las celebraciones, el banquete y las orgías, el monarca, ya «con el gusto del vino» (v. 1), mandó a que trajeran los utensilios sagrados, los vasos de oro y plata, del Templo de Jerusalén. El relato se refiere al botín de guerra que Nabucodonosor había sustraído del Templo al conquistar a Judá y destruir la ciudad de Jerusalén.

A la actitud moral relajada del banquete se añadía ahora la profanación de los utensilios del Templo que habían sido dedicados a Dios. La profanación de esos vasos dedicados al Señor le confiere al evento una particular naturaleza sacrílega y apóstata. El rey no solo rinde culto a los dioses paganos, sino que utiliza los utensilios sagrados del Templo de Jerusalén para hacerlo.

La orgía fue repentinamente interrumpida, «en aquella misma hora» (v. 5), por una señal y experiencia extraordinarias. De pronto, las festividades se detuvieron cuando se aparecieron «los dedos de una mano de hombre» (v. 5) que escribió un mensaje en el muro. El rey pudo ver claramente la mano que escribía delante del candelabro, que posiblemente habían traído del Templo jerosolimitano. Su reacción fue de temor, turbación, desasosiego, palidez, debilidad y temblores, pues comprendió que el mensaje era de suma importancia.

Una vez más se convoca a todos los sabios, magos y astrólogos del imperio para que descifren el mensaje. Sin embargo, los profesionales de la adivinación en Babilonia no pudieron comprender ni comunicarle el mensaje al rey. Esa incapacidad de los sabios enfureció aun más al rey, que estaba perplejo por la escritura y su significado.

El rey que convoca el banquete es Belsasar, cuyo nombre no debe confundirse con el nombre babilónico de Daniel, Beltsasar. El nombre del monarca significa que «el dios Bel lo protege». Este gobernante no era propiamente el rey de Babilonia, sino regente, pues su padre Nabónido pasó una parte sustancial de su reinado en el desierto de Arabia. El gran Nabucodonosor no era literalmente su padre, sino su abuelo (vv. 2-3), aunque en el sentido más amplio de la expresión también era «su padre».

10-16: Por instrucciones de la reina, el rey manda a buscar a Daniel, que ya tenía fama en el reino como intérprete de sueños y era el jefe de la sección de sabios, magos y adivinos del imperio. Y una vez más Daniel pone en evidencia sus destrezas y capacidades en la interpretación de «misterios».

Respecto a Daniel, es importante indicar cómo se le describe e identifica en este capítulo. Es un hombre que tiene «el espíritu de los dioses santos» —lo que puede ser un hebraísmo para aludir al Espíritu de Dios, que es santo (v. 11). Además, posee «luz, inteligencia y sabiduría». Por esos motivos, el gran Nabucodonosor lo nombró jefe de todos los magos, astrólogos, caldeos y adivinos del imperio (v. 11).

El rey acepta la intervención de Daniel, quien con premura interpreta la escritura en la pared. El rey le ofreció, si interpretaba correctamente el mensaje, que lo nombraría tercero en el reino, lo vestiría de púrpura, en señal de dignidad y honor, y le daría un collar de oro, en clara señal de distinción real. Daniel rechazó los dones del rey, por entender que su tarea era una responsabilidad que le había dado Dios.

17-28: Daniel comienza su interpretación de la visión ubicando a Nabucodonosor en su contexto histórico, político y social: ¡Era un monarca implacable, decidido, poderoso y firme! Y añade que ese rey tan conocido y poderoso recibió el juicio divino y perdió su salud mental. Sin embargo, por su actitud de humildad y humillación ante Dios, fue objeto de la misericordia de Dios y recobró su salud y estabilidad emocional. Pero, continúa Daniel, el rey Belsasar no se humilló ante el Señor, y recibirá el inmisericorde y firme juicio divino.

Daniel: Un hombre de visión

La escritura en la pared contenía las siguientes palabras: Mene, Mene, Tekel, Uparsin (vv. 24-28), que Daniel las interpretó de la siguiente forma: Mene: Contó Dios tu reino y le ha puesto fin; Tekel: Pesado has sido en balanza y has sido hallado falto; y Uparsin: Tu reino ha sido roto y dado a los medos y a los persas. El rey cumplió su palabra con Daniel y le dio el reconocimiento prometido y debido. Esa misma noche, llegó Darío el medo a Babilonia, mató a Belsasar y conquistó el imperio.

Las tres palabras que se escribieron en la pared son nombres de pesas y monedas antiguas: Mene se refiere a la medida de minas; Tekel, a un siclo; y Uparsin, plural de peres, es media mina. Daniel relaciona las dos primeras palabras persas con los verbos que significan medir y pesar (p.ej., *maná* y *tekal*). La tercera se asocia a un verbo que significa dividir (p.ej., *uparsin*) y también con los persas. De esa forma, Daniel relaciona la escritura en la pared con el mensaje profético en torno al futuro inminente del imperio babilónico.

29-30: En referencia a la conquista de Babilonia por los ejércitos persas: Algunos historiadores romanos indican de los babilonios estaban embriagándose hasta la saciedad cuando llegaron los ejércitos persas a conquistar la ciudad. Por esa razón, el triunfo fue de forma pacífica. Otra tradición antigua indica que Belsasar fue asesinado por uno de sus generales que se había pasado al ejército invasor.

La alusión a Darío de Media es de difícil corroboración histórica. Posiblemente se trata de una referencia a Darío I el Grande, que volvió a conquistar a Babilonia en el 512 a. C., luego que la ciudad cayó momentáneamente en manos de Nabucodonosor IV. Belsasar posiblemente no murió en Babilonia, sino en el campo de batalla, mientras resistía la invasión persa.

La sabiduría de Daniel se pone de manifiesto una vez más. Fundamentado en esa sabiduría, tuvo la capacidad y la gracia de identificar adecuadamente una gran diferencia entre Nabucodonosor y Belsasar: el primero se humilló ante Dios, y el Señor le devolvió la cordura y la sobriedad mental; y el segundo, cautivo de su arrogancia y poder, no reconoció el poder del Dios todopoderoso, y murió repentinamente, como parte del juicio divino escrito en la pared y que le había inquietado. La palabra divina se cumplió al pie de la letra.

f. Daniel en el foso de los leones: 6.1-28

Se incluye en este capítulo la última de las narraciones educativas de la primera sección del libro de Daniel. Una vez más, el objetivo didáctico es afirmar la importancia de la fidelidad a Dios en momentos de persecución y crisis. ¡Dios premia la lealtad con liberación! Ese es un gran mensaje de esperanza y consolación para individuos y pueblos a través de la historia: el Dios bíblico está comprometido con la redención de su pueblo fiel y leal, aunque tenga que emplear métodos dramáticos y milagrosos (véase también Dn 2).

El corazón de la narración es que por negarse a participar en una ley idolátrica del imperio, Daniel es sentenciado a muerte y enviado a un foso lleno de leones. Nuestro protagonista, sin embargo, en vez de claudicar en sus convicciones y decisiones, puso de manifiesto su fe y fidelidad y permitió que le echaran en el foso. Pero la intervención redentora de Dios le preservó la vida y puso en evidencia el poder divino sobre la muerte y sobre las artimañas idolátricas del imperio.

1-9: La referencia inicial del pasaje a Darío es confusa y compleja. Quizá el autor del relato se refiere a Ciro, quien conquistó Babilonia en el 539-538 a. C. y reorganizó el reino. Es posible también que el texto aluda a Darío I, el Grande, que posteriormente volvió a reorganizar el imperio (Dn 5.2; Est 1.1; 1 Esd 3.2). En cualquier caso, el número de ciento veinte satrapías, que son grandes provincias, es símbolo de una reestructuración política y militar extensa e intensa.

En ese proceso complejo de reestructuración, el rey deseaba ubicar a Daniel en una posición de prestigio y poder: ¡Tercero en el reino! ¡Los sátrapas deberían rendirle cuentas! El prestigio y la fama de Daniel como sabio e inteligente había llegado a todos los niveles del imperio. Según el relato, esa sabiduría de Daniel provenía de «un espíritu superior» (v. 3) que estaba en él.

Sin embargo, los gobernadores y los sátrapas le tuvieron envidia a Daniel. Como no lo podían sorprender en algún acto de infidelidad al reino, decidieron organizar un complot para sorprenderlo desde la perspectiva religiosa. Hicieron que el rey firmara un decreto idolátrico que prohibía toda petición a otro dios o persona que no fuera al rey. El rey se sintió halagado por la resolución y la firmó, convirtiéndola en ley, misma que en el contexto de los medos y los persas no podía ser abrogada; es decir, esta ley era final y firme (v. 9).

Daniel: Un hombre de visión

10-13: La reacción de Daniel ante el edicto real fue de desafío y, una vez más, de desobediencia civil. Este relato describe las prácticas de los judíos de la diáspora en sus oraciones: oraban tres veces al día, puestos de rodillas, y con la mirada hacia Jerusalén, donde estaban el Templo y el monte de Sión (v. 10).

14-18: Al notar los enemigos de Daniel que este hacía caso omiso al estatuto real y continuaba con la manifestación de su piedad y sus oraciones a Dios, fueron ante el rey para denunciar al desobediente. La noticia le pesó al rey en gran manera, pues trató inicialmente de salvar a Daniel (v. 14), pero al final, con mucho pesar, había que ejecutar la ley.

19-28: El acto de enviar a Daniel al foso de los leones consternó seriamente al rey, que no podía dormir, y se costó en ayuno. ¡Ni la música logró animarle! En esa actitud de preocupación y dolor, se allegó temprano en la mañana al foso de los leones y comenzó a llamar a Daniel.

Es importante destacar un detalle teológico en el relato. El rey reconocía públicamente que Daniel era «siervo del Dios viviente» (v. 20), lo que era una forma de distinguirlo y reconocerlo. Inclusive, en el momento de autorizar su envío a los leones, que conllevaba la muerte segura, la esperanza del rey era que ese Dios quizá podría salvarle. El narrador pone en boca del rey pagano una serie importante de afirmaciones teológicas (v. 20).

Daniel le respondió al rey con firmeza, y le explicó que Dios había enviado un ángel para que le protegiera en el foso. Una vez más la salvación divina se manifiesta de forma extraordinaria cuando los individuos y los pueblos viven en fidelidad y lealtad. Daniel afirmó su inocencia ante Dios.

El rey se alegró por la vida de Daniel, y envió a sus enemigos a sufrir la misma suerte a la que habían condenado a Daniel. En esta ocasión, sin embargo, cuando estos enemigos, con sus hijos y mujeres, fueron echados al foso, todos perecieron (vv. 23-24).

Sobre la base de esa experiencia, el rey persa firmó otro decreto real en el cual declaraba el poder extraordinario del Dios de Daniel. Además, el texto incluye un pequeño salmo que pone de relieve y subraya la teología del Dios viviente (vv. 26-27). Ese Dios de Daniel, que además está vivo, es eterno, su reino es permanente, su dominio durará hasta el fin, salva y libra a su pueblo, y hace grandes señales y maravillas en el cielo y la tierra. Añade, además, que Daniel es testigo vivo de ese Dios redentor.

El mensaje de este capítulo —y de toda esta sección inicial de Daniel— es que Dios premia la lealtad y la fidelidad. Repetidamente Dios interviene para salvar a Daniel y a sus amigos. Les salvó del horno de fuego y del foso de los leones. El propósito de esas intervenciones divinas es puntualizar la importancia de la fidelidad para mover la mano divina en salvación y liberación.

Esta sección inicial del libro de Daniel (Dn 1-6) constantemente presenta el actuar divino restaurador, liberador y transformador. Para salvar a Daniel, el Señor emplea un ángel que está con él en el foso de la muerte (v. 21). Daniel no está solo Daniel en la crisis. No está solo con los leones, no está solo en la dificultad. No estaba solo al borde la de muerte. El ángel cerró la boca de los leones.

El libro de Daniel presenta ese concepto particular de un acompañamiento divino que no puede ser soslayado por quienes estudian la obra. En medio del imperio babilónico lleno de idolatría, en medio de una administración con un gobernante demente, en medio del horno de fuego, y en medio de los leones, el Dios bíblico puede y desea de intervenir para redimir a su pueblo.

2. Daniel 7.1–12.13

Con el capítulo siete de comienza una nueva sección de la obra, conocida como Daniel B (Dn 7.1-12.13). Las narraciones que se incluyen ya no están tan interesadas en episodios educativos y edificantes en torno a la vida de Daniel y sus amigos, sino que articulan y describen una serie interesante de visiones con alto contenido simbólico y una fuerte tendencia apocalíptica.

Estas visiones divinas presuponen un concepto particular de la historia humana que caracterizará a toda la literatura apocalíptica. Según estas revelaciones, Dios está en control absoluto de la historia humana, que se mueve de forma inexorable, siguiendo el plan divino que ya está establecido y predeterminado. Desde esta perspectiva teológica, la historia marcha hacia el futuro, hasta llegar el fin de los tiempos, por voluntad divina.

En esta primera sección del libro encontramos cuatro narraciones apocalípticas (Dn 7; 8; 9; 10-12) que, aunque guardan algún tipo de

Daniel: Un hombre de visión

relación, manifiestan claramente que son obras independientes literaria, temática y teológicamente. Estas visiones fueron escritas por diversos autores durante los años 168-164 a. C. La disposición en que se encuentran en el libro no necesariamente revela su orden de redacción.

El primer apocalipsis (Dn 7), escrito en arameo, manifiesta ciertas virtudes literarias que no se encuentran en el resto del grupo, escrito en hebreo. Desde la perspectiva estilística, solo los primeros dos (Dn 7 y 8) tienen visiones simbólicas que son explicadas por un ángel. Los otros dos (Dn 9 y 10-12), contienen revelaciones directas de un ángel al redactor de la revelación. Todos estos apocalipsis manifiestan el mismo recurso literario en la presentación de sus mensajes: presentan acontecimientos y eventos del pasado como si no hubieran sucedido, como si fueran una predicción. Así se afirma la esperanza en el cumplimiento de las profecías y los mensajes de Dios al pueblo.

a. Visión de las cuatro bestias: 7.1-28

La primera de las visiones apocalípticas de Daniel se coloca durante el primer año del rey Belsasar, a quien previamente el libro ha presentado (Dn 5.1-3). Mientras dormía en la noche, Daniel tuvo un sueño, una visión extraordinaria y fantástica, y se levantó a escribir la esencia de las revelaciones recibidas.

1-8: Daniel vio que los cuatro vientos del cielo estaban luchando en el mar, y que cuatro grandes bestias salían del mar. Los cuatro vientos aluden a la universalidad, a lo completo y abarcador de la visión. El mar representa las fuerzas del mal que son hostiles y antagónicas a Dios. Se destaca de esta forma el carácter maligno y perjudicial de los animales fantásticos (Gn 1.2; Job 7.12; 26.11-12; Sal 74.13-14; Is 27.1; 51.9-10; Ap 13.1; 17.8). Las cuatro bestias de la visión corresponden a los cuatro metales de la visión de Nabucodonosor (Dn 2). De esta forma se relacionan las dos secciones del libro de Daniel, mediante referencias cruzadas y alusiones intertextuales.

La primera bestia era como un león que tenía alas de águila. La segunda, era semejante a un oso, y entre sus dientes tenía tres costillas, para destacar su ferocidad y violencia. La tercera bestia era como un leopardo con cuatro pares de alas y cuatro cabezas. Y la cuarta, la más temible y tenebrosa, de semblante espantoso y agresivo, tenía dientes de hierro y diez cuernos. De los cuernos de esta bestia salía un cuerno más pequeño, que desplazaba tres cuernos de los cuernos anteriores, y que tenía ojos humanos y una boca para hablar insolencias.

La visión es fantástica, preocupante, extraordinaria, tenebrosa y reveladora. El mar representa el caos y el conflicto, la lucha persistente de la humanidad, los encuentros y desencuentros del bien con el mal, de donde surgen las bestias. Estas bestias se pueden relacionar, según los especialistas y estudiosos del tema, con cuatro grandes imperios del Medio Oriente antiguo.

El primer imperio bestial es Babilonia, cuyos símbolos son el león y el águila. La segunda bestia es Media, simbolizada por el oso y conocida en la antigüedad por su crueldad inmisericorde. La tercera alude a Persia, cuyas cuatro alas y ojos puede representar a los reyes persas conocidos en la Biblia (Ciro, Artajerges, Jerges y Darío III). Y la cuarta bestia, que produce en el vidente asombro y consternación, es Macedonia, el imperio griego, que se distingue porque llega del oeste y representa una serie inusitada de conquistas políticas y militares que no tienen precedente en el mundo antiguo. En el Oriente Medio los cuernos eran signos de fuerza, autoridad y poder (Ap 12.3; 13.1).

Posiblemente el pequeño cuerno que surge de los previos diez de la cuarta bestia es una alusión a Antíoco IV Epífanes, que tradicionalmente se caracteriza por su arrogancia, violencia, prepotencia y crueldad. (¡El nombre «Epífanes» significa dios manifestado!) Con esta última bestia, y particularmente con su máximo líder, según la visión de Daniel, la historia encuentra su final, pues se ha llegado al nivel máximo de maldad y a la manifestación absoluta de la crueldad. Antíoco IV Epífanes es la encarnación misma de la injusticia, de lo impuro, de la desolación, de la desesperanza, de la bestialidad.

9-14: La segunda sección del relato continúa la descripción de la visión. El objetivo es presentar la escena donde se enjuicia, condena y ejecuta a la cuarta bestia, que es la que más preocupa al vidente. La descripción de los tronos (v. 9) se puede relacionar con la visión de los carros de fuego en el libro de Ezequiel (Ez 1 y 10). La importancia del fuego en la revelación puede muy bien relacionarse con las teofanías, o revelaciones extraordinarias de Dios, en el Templo de Jerusalén (p.ej., Is 6; Ez 8.1–11.25). El fuego es un importante instrumento divino que en esta ocasión manifiesta el poder divino.

Daniel: Un hombre de visión

La frase «un Anciano de días» (v. 9) es una forma literaria hebrea para describir a una persona de edad avanzada y de aspecto venerable y digno. En este contexto, la frase re refiere directamente a Dios, que se presenta en la visión como el Juez (vv. 10, 26) capaz de juzgar con justicia a todas las naciones e imperios del mundo. La imagen de los libros (v. 10) que fueron abiertos alude a la creencia popular antigua que indicaba que Dios tenía un gran rollo para anotar las acusaciones y las sentencias de las naciones (véase Ap 20.12). «Los miles y miles» (v. 10) de la visión identifican a la gente fiel, leal y firme; y «los millones y millones», a las naciones infieles ante Dios.

Daniel observaba la extraordinaria visión con asombro y admiración cuando vio que, en medio de las insolencias que el cuerno hablaba, finalmente la bestia fue muerta y echada al fuego. A las otras bestias ya se les había quitado el poder.

En la visión, Daniel ve en medio de las nubes del cielo a uno como «hijo de hombre» que se allegó al Anciano de días, quien le entregó a su vez «dominio, gloria y reino» (v. 14), para que recibiera honor y servicio de todos los pueblos, naciones y lenguas del mundo. El dominio y el poder que recibirá ese «hijo de hombre» serán eternos, pues nunca podrán ser destruidos.

La figura del «hijo de hombre» viene de los cielos, en contraposición a las bestias que provienen del mar. Del cielo provienen la misericordia, el juicio, la gracia y la paz. Del mar, por el contrario, surge lo tenebroso, lo monstruoso y el caos. Esta figura apocalíptica tiene una dimensión colectiva y comunitaria, pues se le ha conferido el reino que reciben «los santos del Altísimo» (Dn 7.18, 27; véase Mt 24.30; 26.64; Mc 13.26; 14.62; Lc 21.27; Ap 1.7, 13; 14.14). Al «hijo del hombre» se le brinda el poder y se le añade una dimensión escatológica especial, posiblemente por el fracaso de la monarquía y las frustraciones históricas del pueblo con los líderes políticos.

El pasaje ciertamente incorpora una condena apocalíptica a los «poderes» de este mundo, que incluye al Israel histórico. De esta forma, este «hijo de hombre» se convierte en un tipo de Mesías que, a la vez, tiene dimensiones individuales y colectivas. Ese «hijo de hombre» o rey mesiánico dirigirá un reino eterno como líder político individual, y representa al Israel ideal, al que es fiel en medio de las más adversas crisis de la vida.

Ezequiel y Daniel

15-27: La tercera sección de la visión presenta a un Daniel perturbado y confundido. La naturaleza misma de la revelación lo había asombrado y la dificultad en la interpretación le consternaba. En medio de su desorientación y turbación, Daniel se acercó a «uno de los que allí estaban» (v. 16) para inquirir en torno a la visión y sus implicaciones. En este tipo de visión apocalíptica y simbólica es característico que surja algún intérprete de la revelación (p.ej., Ap 4.1). En esta ocasión, es una figura angelical que ya estaba presente en la visión.

En estos versículos el «hijo del hombre», sin embargo, se identifica directamente con «los santos del Altísimo» (v. 17). Esto alude al Israel ideal y escatológico (v. 27), que se hace presente en la vida y testimonio de quienes son leales y fieles a Dios. Una vez que se materialice la victoria sobre las cuatro bestias, «los santos del Altísimo» recibirán el poder para siempre.

Algunos estudiosos de la visión piensan que esos «santos» son criaturas angélicas ideales. Sin embargo, el análisis más detallado y minucioso del texto bíblico sugiere que se trata, más bien, de personas, pues saben lo que es la persecución y han padecido el martirio por causa de la justicia. La referencia a los «santos» revela que han sido elegidos, llamados, consagrados y separados para el servicio del Dios Altísimo. Y la referencia a Dios «Altísimo» pone de manifiesto una percepción del Señor como una fuerza poderosa e indestructible, y subraya la estabilidad y firmeza.

La imagen de la cuarta bestia es de fundamental importancia en la visión. Una vez más se presenta la idea apocalíptica de que los reinos humanos se van sucediendo en el dominio de la humanidad. El número cuatro de las bestias representa la totalidad de los imperios, es símbolo de algo completo.

Esta cuarta bestia es posiblemente el imperio griego dirigido por Alejandro Magno. Y los diez cuernos, desde la perspectiva de esta interpretación, son los reyes de la dinastía seléucida, que heredaron el poder político y militar en Siria (Dn 2.41; 8.8). Algunos intérpretes piensan, con menos probabilidad, que se trata del imperio romano o de algún otro imperio al final de los tiempos.

Las referencias a «las palabras contra el Altísimo» y a que «quebrantará a los santos» son alusivas al arrogante monarca Antíoco IV Epífanes, o a algún otro gobernante irrespetuoso y temperamental al final de los tiempos. Antíoco es famoso en la historia no solo por introducir prácticas

Daniel: Un hombre de visión

idolátricas y abominables en el Templo de Jerusalén (Dn 9.27), sino también por aprobar, en la ejecución de su política de helenización de los pueblos conquistados, una serie de leyes que prohibían la observancia de leyes de Moisés respecto al sábado, a las fiestas tradicionales, a los alimentos prohibidos (Dn 1.5) y a la circuncisión de los varones (Dn 12.11).

Las luchas directas entre Antíoco IV Epífanes y la comunidad judía pone de manifiesto un drama más amplio y extenso: las batallas de la gente de Dios contra las fuerzas del mal; el conflicto del pueblo del Señor contra los poderes de la maldad; las guerras de las personas de bien contra las dinámicas que intentan destruir la bondad en el mundo para sustituirla por la injusticia, la opresión y la desesperanza. El pueblo de Israel, en representación de toda la gente fiel, debe estar a la altura de la vocación a que ha sido llamado por Dios. Debe poner de manifiesto la lealtad para proseguir su proceso de crecimiento, desarrollo y purificación (Dn 11.35; 12.10). Sobre la base de este mensaje de desafío y esperanza, el Apocalipsis de Juan aplica estas imágenes del libro de Daniel para llamar a las iglesias a resistir las persecuciones del imperio romano y a ser fieles a Dios.

Las referencias al «tiempo, tiempos y medio tiempo» (v. 25) pueden ser una alusión directa a las persecuciones de Antíoco IV Epífanes contra el pueblo judío, que duraron un poco más de tres años (desde el 168 al 165 a. C.). Sin embargo, es importante señalar que «tres y medio» es la mitad de siete, que en términos bíblicos representa la perfección, lo bien terminado. La cifra de Daniel de «tiempo, tiempos y medio tiempo» puede aludir a algo adverso, inconcluso, mal organizado, preparado con maldad y hostilidad, pues no es perfecto.

28: Daniel, al terminar su presentación e interpretación de la visión, quedó turbado, confundido, consternado y abrumado. Sin embargo, fue prudente con el mensaje y «lo guardó en su corazón» —que es la manera bíblica de decir que no lo comentó con nadie.

Desde los tiempos del vidente Juan, las iglesias y los creyentes cristianos han relacionado esta visión de Daniel con Cristo y con el tiempo del fin. De acuerdo con esta interpretación cristiana, el «hijo de hombre» de Daniel es el Cristo de Dios que viene a triunfar sobre los poderes humanos y a implantar un nuevo reino eterno de justicia y paz.

Desde esta perspectiva, las visiones de Daniel tomaron una nueva dimensión para los cristianos que se apropiaron de este mensaje de esperanza y lo aplicaron a sus realidades cotidianas dentro del poderoso Imperio Romano. A través de la historia la visión de Daniel se ha actualizado e interpretado para que las personas de fe puedan responder con valor y dignidad a los diversos gobiernos que se oponen a los valores divinos.

b. Visión del carnero y el macho cabrío: 8.1-27

Esta nueva visión de Daniel incorpora nuevos elementos que deben tenerse en cuenta. En primer lugar, el relato está escrito en arameo, no en hebreo como el capítulo anterior. El resto de las visiones apocalípticas (Dn 9-12) están también en arameo. Daniel, además, indica que no está dormido al tener la revelación, sino que despierto tiene una visión fantástica en la cual es transportado a la Babilonia del rey Belsasar. De pronto, Daniel se encuentra en la provincia de Elam, en la capital del imperio babilónico, Susa, muy cerca del río Ulai.

1-12: La visión que se describe en este capítulo es más fácil de comprender que la anterior, pues el relato mismo brinda la interpretación. La revelación presenta hechos históricos con una simbología extraordinaria. Daniel ve un carnero con dos cuernos desiguales y un macho cabrío que lo vence de forma definitiva.

El ambiente de la revelación es similar al que vivieron varios profetas, como Ezequiel, que fue llevado junto al río (Ez 1.1) para recibir las revelaciones divinas. También Habacuc, en la leyenda de «Bel y el dragón», es transportado a Babilonia. De primera instancia la narración ubica a Daniel en un contexto profético especial. La ciudad de Susa, con el tiempo, se convirtió en la residencia veraniega de los monarcas persas (Neh 1.1; Est 1.2). El río Ulai es posiblemente el conocido por los griegos como Eulaios.

Una vez más los animales juegan un papel protagónico en las visiones de Daniel. Y nuevamente esos animales representan naciones e imperios antiguos. La visión tiene detalles históricos claros y repercusiones teológicas directas.

El carnero representa al imperio persa, y el macho cabrío alude al reino de Macedonia y Grecia. Los cuernos desiguales del carnero son Persia y Media, y el primero prevalece y triunfa sobre el segundo, pues

Daniel: Un hombre de visión

las poderosas milicias persas fueron conquistando ciudades, naciones e imperios desde el siglo sexto hasta el quinto a. C. (Egipto, Palestina, Siria, Asia Menor y Babilonia). Inclusive, el imperio persa conquistó Atenas en el año 480 (Dn 11.2). Sin embargo, ese poderoso andamiaje político y militar de conquistas, destrucciones y triunfos fue abruptamente detenido en Issos (333 a. C.), y después en Arbela, por los ejércitos de Alejandro el Grande, quien en la visión de Daniel es representado por el macho cabrío de un solo cuerno (vv. 5-8).

Luego de la muerte abrupta de Alejandro en Babilonia (323 a. C.), su enorme imperio se divide entre cuatro de sus generales, identificados en la visión como los «cuatro cuernos notables» (v. 8): Ptolomeo en Egipto, Filipo en Macedonia, Seleuco en Siria y Antígono en el Asia Menor. En la visión, se destaca un particular «cuerno pequeño» (v. 9) y se enfatiza su papel primordial en la revelación, pues creció mucho hasta llegar a la «tierra gloriosa», lo que alude a la región Palestina, territorio de Israel, y a su capital, Jerusalén.

Ese cuerno pequeño es una alusión directa a Antíoco IV Epífanes, quien con sus políticas de helenización hirió seriamente la sensibilidad política, religiosa y nacional de la comunidad judía. La referencia a su gran crecimiento hacia el sur y el oriente (v. 9) identifica sus campañas militares contra los pueblos de Egipto y Persia.

Con la expresión «el ejército del cielo» (v. 10), el redactor de la visión alude a los astros que algunos pueblos en la antigüedad adoraban como si fueran dioses (véase Dt 4.19; Jer 8.2; 19.13; Sof 1.4). Con esta imagen posiblemente se alude a las actitudes arrogantes,ególatras y prepotentes de Antíoco IV Epífanes, quien pretendía llegar a los cielos y ser semejante al Dios Altísimo. El orgullo de este monarca lo desajustó emocionalmente y le impidió administrar el imperio con sabiduría y justicia. Considerarse superior a los dioses revela su percepción de sí mismo y su megalomanía.

11-12: El orgullo de Antíoco lo llevó a subestimar al «príncipe de los ejércitos» (v. 11), Dios mismo, que también es descrito en la revelación como «príncipe de príncipes» (v. 25). Esa actitud de arrogancia lo movió a profanar el Templo de Jerusalén (v. 11), a echar por tierra «la verdad» (lo que es una alusión a la Ley) y a implantar una serie de medidas contra la comunidad judía, especialmente respecto a la libre práctica y celebración de sus actividades religiosas y culturales. Antíoco es la encarnación de la arrogancia y el orgullo, que hieren y afectan adversamente la susceptibilidad de Dios.

13-14: Esta sección incluye una pregunta fundamental para la literatura apocalíptica: ¿Hasta cuándo? En efecto, en medio de la revelación divina, Daniel hace la pregunta existencial de importancia capital. ¿Hasta cuándo Dios permitirá la persecución, la prevaricación, la desesperanza, la injusticia, la angustia, el dolor? Y la respuesta divina se manifiesta en forma simbólica: ¡Dos mil trescientas tardes y mañanas!

Ese número, que equivale a mil ciento cincuenta días, o un poco más de tres años, corresponde al tiempo que duraron las prácticas profanas del Templo ordenadas por el malvado y perseguidor Antíoco IV Epífanes. Ese período de crisis religiosa y dolor nacional, conocido como la «abominación desoladora» (Dn 9.27) o «prevaricación asoladora» (v. 13), finalizó con la purificación del Santuario, luego de la victoria de Judas Macabeo, en diciembre del 165 a. C. El mensaje de esperanza a la comunidad es que Dios ha puesto un límite y término específico a las prácticas de abominación y a la profanación del Templo.

15-25: La reacción de Daniel ante la visión fue de asombro y admiración. En medio de su consternación y confusión, Daniel ve a «uno con apariencia de hombre» y, además, escucha una voz «como de hombre» que gritó y le dijo a Gabriel que le explicara la visión. De esta forma el ángel que interpreta las revelaciones divinas sale de su anonimato y se identifica plenamente: Gabriel, que puede significar «hombre de Dios» o «Dios es fuerte» (Dn 9.21; Lc 1.19, 26).

Esta es la primera vez en que un ángel es identificado por nombre propio en las Escrituras. Así Gabriel vino a ser en la figura angelical que interpreta las revelaciones divinas a las personas seleccionadas. Posteriormente, Miguel se incorpora al papel de intérprete de la revelación divina (Dn 9.21; 10.13, 21; 21.1).

Esta es una sección intensa en la narración, pues Daniel quedó asustado y admirado. Quedó hasta como dormido, en una especie de trance. Daniel necesitó que el ángel lo tocara para ponerse de pie. Gabriel le explica que la visión se relaciona con el tiempo de fin, cuando culmine la ira divina. Además, el ángel explica claramente el simbolismo del carnero y sus dos cuernos, Persia y Media, y del macho cabrío, el rey de Grecia (v. 20). La visión es definitivamente escatológica, pues lleva la historia humana a los tiempos finales.

23-26: Esta sección se redacta en poesía y enfatiza que la salvación proviene «no por mano humana» (v. 25). La maldad se levantará contra el pueblo de Dios, inclusive contra Dios mismo, identificado como «Príncipe de los príncipes», pero llegará el tiempo de su fin, aunque «es para muchos días» (v. 26).

Al terminar la visión Daniel quedó nuevamente confundido, quebrantado y enfermo por varios días. En efecto, la revelación divina fue tan intensa que generó en el vidente una reacción física de cansancio extremo y de decaimiento. Luego de reponerse, continuó sus labores en el reino, aunque preocupado por la visión y sus interpretaciones.

Otra vez se presenta en Daniel un mensaje de esperanza y seguridad. En medio de las persecuciones que generaban las políticas agresivas y discriminatorias de Antíoco IV Epífanes, el mensaje de Daniel es de seguridad: Dios no se ha olvidado de su pueblo y pondrá término a la angustia de su pueblo. Y para cumplir su propósito, Dios le ha revelado a Daniel los procesos por los cuales la abominación en el Templo finalizará. La última palabra divina para la comunidad judía —que sentía las angustias de las políticas discriminatorias de helenización— es de esperanza y seguridad, de futuro y restauración, de mañana y porvenir.

c. Profecía de las setenta semanas: 9.1-27

La narración que se incluye en este capítulo no es la descripción e interpretación de una visión, ni tampoco un mensaje didáctico para afirmar la sabiduría del pueblo de Dios. Es un género literario particular que expresa reflexiones en torno al mensaje de una profecía ya anunciada. En este capítulo se pondera específicamente la antigua profecía de Jeremías, en la cual afirmó que el exilio babilónico finalizaría en setenta años y que posteriormente se produciría la liberación del pueblo deportado (Jer 25.11-14; 29.10).

La narración consta de dos partes básicas. La primera (vv. 3-19) es una oración de confesión de Daniel. Fundamentado en una serie de citas y alusiones a los libros de Deuteronomio y de Jeremías, el vidente se presenta con humildad ante el Señor e intercede por la restauración del pueblo. En la segunda parte del capítulo (vv. 20-27), Daniel, aún en oración, recibe nuevamente la visita de Gabriel (v. 21), que llega a darle sabiduría y entendimiento.

Ezequiel y Daniel

1-2: La introducción del mensaje es la reflexión de Daniel en torno a lo predicho por Jeremías acerca del fin de «las desolaciones», del exilio en Babilonia y del retorno del pueblo al Jerusalén. Las predicciones de los profetas no se habían cumplido de forma completa o categórica: el esplendor esperado de la ciudad y del Templo no se había materializado, la restauración de la monarquía no se había llevado a efecto, y la persecución y las experiencias de crisis con Antíoco IV Epífanes eran el colmo de la angustia. Las políticas arrogantes y las profanaciones despóticas que se llevaron a cabo en el Templo eran vistas como abominaciones extraordinarias.

En ese contexto de real preocupación social, política, económica y espiritual, Daniel reflexiona seriamente en torno a las implicaciones concretas de la antigua profecía. Para Jeremías, la restauración de Israel luego del exilio debía ser como un segundo éxodo, como una redención formidable que superara la experiencia de liberación de Egipto. El retraso de ese cumplimiento, sin embargo, se convirtió en fuente de tensión y ansiedad en el pueblo. El tema de la restauración nacional era muy importante, pues esa idea estaba íntimamente ligada a la llegada de una nueva era, ideal y paradisíaca para el pueblo de Dios. Y esa preocupación profética de Daniel le hace volver a analizar el mensaje de Jeremías para determinar si era buena profecía o si la comunidad la había interpretado de forma errónea.

En este capítulo se hace referencia directa a las profecías antiguas como «los libros» —o mejor «las escrituras»— con un claro sentido de autoridad canónica (véase también el prólogo al libro deuterocanónico de Eclesiástico). Estudiar nuevamente ese mensaje de Jeremías requiere un buen ambiente de oración y confesión, un reconocimiento humilde de la condición del pueblo, para implorar la misericordia divina. La referencia a Darío en el pasaje (v. 1), no le añade mucho valor cronológico a la narración (véase el comentario a Dn 5.31).

3-19: El clamor intenso de Daniel es precedido por el ambiente adecuado de piedad: oración, ruego, ayuno, ropas ásperas y ceniza. El objetivo concreto de la oración es saber la fecha del cumplimiento de la profecía de Jeremías. Posiblemente esta oración no formaba parte de la narración original, pero fue incorporada en este lugar por los editores finales del libro para colocar la reflexión teológica sobre las setenta semanas en un ambiente adecuado de oración reflexiva y de piedad.

Daniel: Un hombre de visión

La oración consta de dos partes principales: una confesión intensa de los diversos pecados del pueblo (vv. 4-16) y una sentida súplica (vv. 17-19) por la misericordia y el perdón de Dios. En la plegaria, Daniel enfatiza la naturaleza misericordiosa y perdonadora de Dios. No identifica las virtudes ni destaca alguna particularidad bondadosa del pueblo. Inclusive, en medio de la oración, el vidente suplica a Dios que tenga piedad de sí mismo (v. 17), o que muestre su amor propio, al perdonar a Israel. El perdón que se necesita no se basa en las ejecutorias de la comunidad judía, sino en el amor de Dios.

En la oración, Dios es descrito con diversos atributos de gran valor teológico: el Señor es grande, digno de ser temido, guardador del pacto y misericordioso. Por su parte, el pueblo es pecador, inicuo, impío, rebelde y desobediente. Mientras el Señor es justo y misericordioso, la comunidad judía está confusa y desorientada. Según la oración, las calamidades que le han sobrevenido al pueblo judío son resultado directo de sus pecados.

La oración de Daniel presupone dos catástrofes extraordinarias en la vida del pueblo. La primera de ellas es la experiencia del destierro en Babilonia, que debe haber sido desgarradora y humillante. Y a ese dolor indecible e indescriptible deben añadirse las persecuciones de Antíoco IV Epífanes, quien dedicó sus energías y programas a la profanación del Templo y a prohibir las prácticas religiosas del pueblo. Su arrogancia personal y sus políticas genocidas convirtieron su administración en un período crucial y doloroso para el pueblo judío.

La oración, que también evoca la experiencia de liberación de Egipto (v. 15), finaliza con una afirmación teológica decidida, clara y directa (v. 19): Señor oye, perdona, salva, presta oído, hazlo y no tardes, por amor a ti mismo.

20-27: La oración de Daniel continúa con diálogos, intercesiones y confesiones de pecados. En esta ocasión, sin embargo, nuestro protagonista se vuelve hacia Jerusalén en la hora del sacrificio de la tarde (v. 21), para poner de manifiesto que está en la diáspora. En medio de sus plegarias, entonces, se le apareció Gabriel, el ángel que en el capítulo anterior le había explicado el significado de la visión del carnero y el macho cabrío (Dn 8). Esta vez, sin embargo, llegó para brindarle a Daniel dos cualidades que en la literatura apocalíptica son necesarias e importantísimas: sabiduría y entendimiento.

24-27: La explicación de Gabriel reinterpreta interesantemente el mensaje de Jeremías. El ángel intérprete llega ante Daniel para revelarle el sentido oculto y especial del oráculo antiguo. Los muy famosos «setenta años» del antiguo profeta de Anatot se convierten ahora en «setenta semanas de años», que numéricamente son (70 x 7) ¡490 años! Más que números históricos, concretos y específicos, estas cifras son simbólicas: tienen la finalidad de relacionar el periodo del destierro en Babilonia con una cifra que manifieste algo completo y perfecto, pues el pueblo debía entender bien la lección.

El fundamento exegético principal de esta nueva interpretación profética puede asociarse directamente con el mensaje del libro de Levítico, en el cual se hace referencia a los años sabáticos (Lv 25.1-4) y donde el Señor amenaza al pueblo con multiplicar por siete, o de forma absoluta y perfecta, el castigo de quienes no se apartan del pecado (Lv 26.18). El paso de los años reales a los escatológicos se basa en el pecado del pueblo. La persistencia de la comunidad judía en mantenerse en sus actitudes pecaminosas hace que el tiempo del dolor aumente a un número indeterminado.

Las «setenta semanas» de Jeremías, ahora en Daniel, se convierten en un período de tiempo adecuado que le permita al pueblo comprender su condición, terminar con sus pecados e iniquidades ante Dios, de modo que Dios finalmente pueda traer la justicia y ungir al «Santo de los santos» (v. 24).

El sentido de la expresión «Santo de los santos» (v. 24; véase también Ex 30.26; 40.9) es complicado y debatido. En primer lugar, puede aludir a Aarón (1 Cr 23.13); además, entre la comunidad de Qunram en el mar Muerto la misma fraseología podía referirse a ellos mismos, que se consideraban el verdadero santuario de Dios, al no tener acceso desde el desierto al Templo de Jerusalén. Otros estudiosos, fundamentados en el análisis teológico del texto en su contexto inmediato, tienden a relacionar la expresión con un acontecimiento extraordinario que surgirá al final de los tiempos. Sin embargo, a la luz del mensaje inmediato del pasaje bíblico, la unción del «Santo de los santos» puede referirse de forma directa a la purificación y a la nueva dedicación del Templo en la época de las luchas y las guerras de los Macabeos, en el año 165 a. C. Para celebrar y recordar anualmente y por una semana ese gran evento de liberación y restauración nacional, Judas Macabeo organizó la fiesta de la Dedicación, que en hebreo es conocida hasta el día de hoy como *januká*.

«La muchedumbre de las abominaciones» (v. 27) alude a un sacrilegio o una profanación indescriptible e inimaginable, y puede relacionarse a más de un evento. En primer lugar, puede referirse a la profanación del Templo de Jerusalén por Antíoco IV Epífanes (168 a. C.). También puede ser una alusión a la maldad y a las abominaciones que habrán de manifestarse al final de los tiempos. Algunas personas tratan de relacionar proféticamente este mensaje en específico con la destrucción del Templo de Jerusalén en el año 70 de la era cristiana.

Según el mensaje del ángel (vv. 25-27), las «setenta semanas» se dividen en tres partes, y en relación a cada una de ese trío de secciones se identifica un evento significativo relacionado con algún «ungido» o «mesías».

Una forma de entender el mensaje es tomar las cifras de forma literal. El primer ciclo, entonces, es de siete semanas de años ó 49 años. Quizá el primer «Mesías príncipe» (v. 25) puede aludir a Ciro el Grande, a Zorobabel o al sumo sacerdote, Josué, pues, desde la segunda proclamación de la profecía de Jeremías (c. 595 a. C.) hasta la unción de Ciro como rey de Persia (c. 558), solo transcurrieron 37 años.

El segundo grupo es de «sesenta y dos semanas de años» ó 434 años, y puede relacionarse con el período de la reconstrucción de la ciudad de Jerusalén. Sin embargo, desde la liberación del exilio (538 a. C.) al año del asesinato del depuesto sumo sacerdote o ungido (v. 26), posiblemente Onías III (170 a. C.), hay solo 368 años.

El tercer ciclo de semanas es de solo una semana de años, ó 7 años. Si partimos del asesinato de Onías III (170 a. C.), los siete años nos llevan al 163 a. C., cuando finalizó la persecución. La media semana, entonces, sería desde el 167 hasta el 163. Esta semana es la más intensa y angustiosa de todas, pero finalizará con la destrucción del opresor y la liberación del pueblo de Dios.

Esa metodología de interpretación literal del mensaje bíblico es compleja, y en ocasiones, arbitraria. Para que la suma de los años y las semanas tenga alguna significación literal, o casi literal, hay que ejercer mucha imaginación. Y esa empresa, en el mejor de los casos, es históricamente arriesgada y teológicamente frágil.

Un camino hermenéutico más seguro, contextual y pertinente, desde la perspectiva exegética, pastoral y teológica, es leer el texto bíblico como un todo, e identificar prioritariamente el propósito general de la narración.

En medio de una persecución intensa y despiadada, el mensaje de Daniel viene a brindarle esperanzas al pueblo oprimido y sufrido. La persecución es devastadora e inmisericorde, pero la intervención extraordinaria y redentora del Mesías esperado le pondrá fin a ese período nefasto de dolor y cautiverio. Al terminar este último período de desolación y abominación indescriptible, llegará un nuevo tiempo de paz, justicia y seguridad.

El gran mensaje teológico del libro de Daniel, desde esta perspectiva teológica, es que Dios tiene la capacidad firme y el deseo absoluto de intervenir en medio de las vivencias humanas y de la historia para cambiar las experiencias de cautiverio, dolor y desolación, y llevar a ambientes de justicia, bienestar y paz para su pueblo. La última palabra de Dios para la humanidad no es de dolor, cautiverio y desesperanza, sino de bienestar, futuro y liberación.

d. Visión de Daniel junto al río: 10.1-12.13

La lectura cuidadosa y sobria de los últimos tres capítulos del libro de Daniel (10-12) revela su clara unidad literaria, temática y teológica. Es el apocalipsis más extenso y complejo de la obra, y puede relacionarse con las imágenes y el mensaje que se encuentran en los Cánticos del Siervo del Señor en el libro de Isaías (Is 40-55). Una vez más desaparecen las visiones y los sueños en la narración, pues tres ángeles interpretan las imágenes y el mensaje divino de forma directa y sin más intermediarios que Daniel.

10.1-11.1: La introducción general al pasaje brinda el contexto religioso adecuado para la revelación divina. Para recibir y comprender la visión de Dios, Daniel debe prepararse durante tres semanas con aflicciones personales y ayunos (vv. 2-3). Así se pone de manifiesto nuevamente la relación íntima entre la revelación divina y la piedad, entre las visiones del Señor y la espiritualidad. La palabra que recibió Daniel era verdadera, y el conflicto, grande; sin embargo, el vidente recibió de Dios la comprensión adecuada y la inteligencia requerida (v. 1).

Daniel: Un hombre de visión

El tercer año de Ciro, rey de Persia, el 538 a. C., es la fecha en que finalizó el destierro en Babilonia y comenzaron los programas de restauración nacional tan esperados por el pueblo judío en la dispersión. Es una fecha de gran significación para el pueblo judío. El que Daniel haya recibido la revelación en esa fecha le añade al mensaje importancia y credibilidad. En esta ocasión, Daniel está junto al río Hidekel, que es el Tigris. Las revelaciones a los profetas junto a los ríos eran comunes en esa época (p.ej., Ez 1-3).

La primera revelación le llegó a Daniel a los veinticuatro días del primer mes, a través de un ángel con vestiduras sacerdotales (Lv 16.4, 23) y con una descripción que hace recordar las revelaciones e imágenes de los mensajes del profeta Ezequiel (Ez 1; 8-12). Daniel es la única persona que puede escuchar la voz del ángel, aunque quienes le acompañaban se llenaron de un temor que les hizo huir y esconderse. El vidente quedó nuevamente sin fuerzas, desfallecido, soñoliento, deprimido, dolorido, tembloroso, mudo, sin aliento... ¡Cayó de rodillas y sobre las palmas de sus manos! ¡La experiencia espiritual fue intensa!

El primer mensaje del ángel le indica a Daniel que, desde el mismo momento en que comenzó sus plegarias, estas fueron escuchadas. Sin embargo, la respuesta divina se detuvo por la intervención del «Príncipe de Persia» (v. 13). En estos escritos apocalípticos es común indicar o presuponer que cada nación tiene una especie de ángel guía, guardián o protector.

En esta narración en particular se identifica al representante angelical de Persia con la dignidad oficial y noble de «príncipe». Estas ideologías angélicas son las que permiten que se puedan representar las luchas humanas, nacionales e internacionales mediante conflictos fantásticos entre potencias espirituales y angélicas. La narración sigue así las teologías apocalípticas que antes comenzaron a desarrollarse paulatinamente en varias secciones de los libros de Ezequiel e Isaías (Ez 38-39; Is 24-27).

El ángel que hablaba con Daniel, y que tenía «semejanza de hombre» (v. 18), le fortaleció y le instó a que no temiera. Posteriormente, le indicó que tenía que irse a pelear contra los ángeles de Persia y de Grecia (v. 20), pero que Miguel, el ángel príncipe de los judíos —a quien el Nuevo Testamento llama arcángel (Jud 9)— vendría a ayudarlo. Como en el caso del profeta Isaías, Daniel no se siente digno de recibir la revelación divina, y el ángel toca sus labios (v. 16) en un singular acto de ordenación y afirmación profética.

Ezequiel y Daniel

Con la expresión «Muy amado, no temas» (v. 18), el ángel le presentó a Daniel el mensaje que necesitaba de seguridad, fortaleza y ánimo. Con esa fórmula de comunicación, «no temas», se introducen otros oráculos proféticos de salvación (p.ej., Is 43.1-3). Y con esa misma expresión los sacerdotes respondían con seguridad y esperanza a las oraciones de lamento individual de los adoradores (Lam 3.57).

Lo que está escrito en el «libro de la verdad» (v. 21) es que al ángel Miguel viene a apoyar los esfuerzos de liberación del pueblo. No está sola la comunidad judía en su empeño de liberarse del cautiverio y de las abominaciones de Antíoco IV Epífanes. Y esa ayuda tan necesaria y muy pertinente viene de forma angelical y extraordinaria.

11.2-45: La narración que se encuentra en esta sección del libro de Daniel pone de manifiesto las luchas y las guerras relacionadas con la comunidad judía desde el fin del exilio en Babilonia y la irrupción del imperio persa hasta el tiempo del conflicto con Antíoco IV Epífanes, que se describe como un período de desolación sin igual y de abominación extraordinaria. Se narran los acontecimientos que culminan con la profanación del Templo de Jerusalén, y que generaron la resistencia judía dirigida por los macabeos.

Al fallecer, Alejandro el Grande (323 a. C.) dejó un imperio tan vasto y extenso que sus sucesores políticos y militares no pudieron mantenerlo unido. Sus generales se dividieron el reino. Egipto cayó en manos de Ptolomeo, y Siria, Babilonia y Persia, de Seleuco I. En esa nueva configuración geopolítica, Palestina era el amortiguador entre el reino de Egipto y el de Siria. Sin embargo, la palabra final acerca del monarca arrogante y déspota Antíoco IV Epífanes es que llegará su fin (v. 45). ¡La opresión tiene su día final! ¡El cautiverio y el dolor tienen su término!

Durante esos años, el sumo sacerdote de Jerusalén tenía la autoridad que le delegaban las potencias extranjeras, particularmente en asuntos religiosos internos y en problemas políticos locales. Ese poder tan grande concentrado en la figura del sumo sacerdote incentivó una serie de rivalidades entre las familias sacerdotales de la ciudad. Y esos conflictos internos propiciaron que se hicieran ofertas económicas a las potencias mundiales con el propósito de que alguna persona en particular fuera nombrada sumo sacerdote. Jasón, por ejemplo, prometió pagar grandes sumas de dinero a Antíoco IV Epífanes para sustituir a Onías III, quien fue posteriormente asesinado. Y fue ese mismo sumo sacerdote, Jasón, el

Daniel: Un hombre de visión

que permitió la helenización de la ciudad de Jerusalén y la profanación del Templo. Posteriormente, en otra transición abrupta, Menéalo traicionó a Jasón, al ofrecerle más dinero a Antíoco para llegar al poder.

Desde la perspectiva histórica, la narración de este capítulo toma en consideración lo que sucedió entre los siglos 4 y 2 a. C. El período persa se distingue por la sucesión de cuatro monarcas: Ciro, Jerjes, Artajerjes y Darío III, que es el cuarto rey (v. 2). Posteriormente el relato privilegia a los seléucidas (vv. 10-14), particularmente a Antíoco III, que conquistó Palestina en el 198 a. C. Finalmente, la narración bíblica destaca las actividades de Antíoco IV Epífanes, cuyas acciones injustas y opresoras se anuncian en el relato.

La narración llega a su punto culminante cuando llega al período de la profanación del santuario (v. 31). Esta referencia, identificada como la «abominación desoladora», es posiblemente una alusión directa a los actos sacrílegos de Antíoco IV Epífanes en el Templo de Jerusalén en el 168 a. C.

El autor del libro de Daniel pertenecía a un sector de la comunidad judía psoterior al exilio conocida como «los hasidim». Ese era un grupo piadoso y estricto, que era famoso no solamente por su sabiduría, sino también por su compromiso educativo con el pueblo (v. 33). Con el tiempo muchos se convirtieron en mártires (Dn 12.1-3) por defender la fe judía ante los continuos y avasalladores ataques helenistas. Aunque no recurren a medios militares para hacer avanzar su causa, son los verdaderos vencedores del relato, pues aunque reciben poca ayuda están dispuestos a dar su vida por sus creencias religiosas.

Según este grupo de creyentes piadosos, entre los que se contaba Daniel, la máxima blasfemia era creerse ser como dios. Antíoco IV se hizo llamar Epífanes, lo que significa «dios manifestado». En la selección del nombre se revela su irracional arrogancia, su autoestima enfermiza, su voluntad férrea, su política agresiva y su desprecio hacia las diversas religiones del imperio.

El relato bíblico describe a este irracional monarca de la siguiente forma: «El rey hará su voluntad, se ensoberbecerá y se engrandecerá sobre todo dios, contra el Dios de los dioses hablará maravillas y prosperará hasta que sea consumada la ira, porque lo determinado se cumplirá» (v. 36). En efecto, aunque se cree poderoso, su reino llegará a su fin cuando se manifieste la ira divina, que ciertamente se manifestará, porque lo que está escrito tendrá su cumplimiento.

Las abominaciones de Antíoco IV Epífanes son muchas. Abandonó a Adonis o Tamuz, para adoptar a Zeus, a quien dedicó posteriormente el Templo de Jerusalén. En el altar del Templo, comenzó a ofrecer sacrificios de animales impuros —como los cerdos— y a divinidades paganas. Esas decisiones y ejecutorias son las que se identifican colectivamente como «abominación desoladora» (v. 31). Y para justificar sus acciones, acusó a los judíos de crímenes litúrgicos y religiosos.

12.1-13: Con esta narración finaliza el libro canónico de Daniel. El relato culmina la descripción de la visión que había comenzado antes (Dn 10). Es una conclusión poética a la revelación que se incluye no solo en los capítulos anteriores (Dn 10-11), sino en todo el libro. El mensaje es claro y firme: en medio de las grandes dificultades que se ponen de manifiesto en la historia humana, las personas cuyos nombres estén escritos en el «libro de la vida» (v. 1) recibirán el favor divino y, aunque «duerman» (v. 2; expresión simbólica que alude a la muerte; Jn 11.11-13; Hch 7.60; 1 Tes 4.13), resucitarán «del polvo» para «vida eterna» (v. 2; esta es la primera ocasión en las Escrituras que se utiliza la imagen de eternidad para describir la naturaleza de la vida en fidelidad a Dios).

Daniel ha sido comisionado por Dios para guiar a muchas personas por los senderos de la sabiduría (Dn 11.33), que en última instancia es el propósito fundamental de las visiones, del mensaje y de sus redacciones. Las persecuciones de Antíoco IV Epífanes contra el pueblo judío no solo eran manifestaciones de la maldad oficializada y profesionalizada, sino que también constituían oportunidades para que las personas fieles demostraran su lealtad a Dios en tiempos de crisis. Y para comprender ese nivel extraordinario de lealtad, hace falta la sabiduría divina.

Versículos 1-3: El gran mensaje de esta narración se relaciona con el anuncio de la resurrección, doctrina que tiene extraordinaria importancia en la fe cristiana. En el libro de Daniel, ese tema constituye el punto culminante de la revelación divina. Dios le brinda a su pueblo la victoria final y definitiva con el triunfo sobre la muerte y sus amenazas. El tema final de la revelación divina no es la crisis humana, sino la superación de las adversidades mediante el poder de la resurrección.

Esa es una manera teológica de afirmar que la justicia divina no solo llega a los niveles humanos de la historia, sino que supera esos linderos naturales para manifestarse con fuerza en el pleno escatológico y eterno. A la pregunta fundamental en torno al sufrimiento de las personas justas y la prosperidad de la gente impía, Daniel responde con seguridad e integridad: la justicia divina se manifestará de forma extraordinaria en el tiempo de la resurrección, o «en aquel tiempo» (v. 1) –que se refiere al fin de la historia.

El mensaje de la resurrección en el pasaje es significativamente claro: muchos de los que «duermen» (v. 2) —es decir, los muertos— serán despertados, unos para la vida eterna, y otros para la vergüenza y la confusión perpetuas. El uso de la palabra «muchos», a diferencia de «todos», revela posiblemente el proceso gradual del desarrollo doctrinal, que llegará posteriormente a la convicción plena de una resurrección universal.

En este caso, el mensaje de la resurrección está dirigido principalmente a gente fiel del pueblo judío, quienes «están inscritos en el libro de la vida» (Ex 32.32-33; Sal 69.29), y no han sucumbido ante las presiones sistemáticas de Antíoco IV Epífanes y su política agresiva de persecución religiosa. La referencia al «polvo de la tierra» (v. 2) puede aludir a quienes escogieron el martirio y la muerte antes de sucumbir ante las presiones irracionales del monarca pagano.

Versículo 4: El Señor mismo le indica al vidente que cierre las palabras y selle el libro hasta el tiempo del fin. Esa en una manera de afirmar la importancia de la fidelidad y la sabiduría. En ese tiempo final, el conocimiento y la ciencia, que son elementos necesarios para comprender la revelación divina que Daniel ha recibido, aumentarán. Este es un recurso literario común en los apocalipsis: los videntes reciben la revelación divina que no deben divulgar hasta el momento pertinente al final de los tiempos. Daniel entendía que vivía en ese tiempo escatológico.

5-13: Daniel escucha casualmente el diálogo entre dos seres angelicales (Gabriel y Miguel), en el que inquieren en torno al tiempo del fin, la era escatológica del cumplimiento del mensaje. La respuesta angelical es enigmática: tiempo, tiempos y mitad de un tiempo (v. 7). Y añade que será cuando acabe la dispersión del pueblo santo —en clara referencia al fin de los sufrimientos y desesperanzas de la comunidad judía.

Quizá estos «tiempo, tiempos y mitad de un tiempo» aludan a un período de tres años y medio, como anteriormente se había indicado (Dn 9.27; 8.14), que sumarían 1,260 días (si los meses fueran todos de treinta días). Es muy difícil evaluar la cifra con precisión. Posteriormente, el pasaje habla de 1,290 días (v. 11; ¡falta un mes de treinta días!), para añadir al final unos 1,335 días (v. 12). El deseo de la narración es que esos días de dificultad y crisis pasen lo antes posible.

La significación precisa de estas cifras es muy complicada y dudosa. Según quienes intentan comprender las cifras de forma literal, los 1,290 días podrían computarse desde el momento de la profanación del Templo hasta su nueva consagración y la dedicación del Santuario de Jerusalén. Los 1,335 días, según otros eruditos, pueden aludir al tiempo en que el libro debía mantenerse en secreto, para posteriormente ser comprendido por las personas entendidas. Una interpretación alterna es que los números pueden indicar que el período de persecución y crisis está limitado, que terminará en un tiempo específico.

La palabra final del libro de Daniel es una bienaventuranza (v. 23). Este es un género literario bastante popular en la Biblia y en la antigüedad, que tiene como objetivo declarar felices y bendecidas a una serie de personas que tradicionalmente no serían identificadas con la felicidad, el gozo y la dicha. En este caso, son bienaventuradas las personas que se mantengan fieles a Dios a través de los años.

Daniel, según la revelación divina, llegará hasta ese tiempo final, y recibirá la heredad o la recompensa divina. De esta forma se le aplican al vidente las anteriores promesas divinas (Is 26.19), pues en el tiempo escatológico recibirá recompensa de parte de Dios.

El mensaje fundamental del libro de Daniel se relaciona con las diversas respuestas ante las grandes adversidades en la vida. Las reacciones humanas ante la crisis deben ser de fidelidad a Dios, quien tiene el poder y también el compromiso serio y firme de responder con justicia a las vicisitudes y los conflictos de las personas. La respuesta divina ante esas mismas dificultades es la manifestación extraordinaria de su poder, que no se limita a la historia y sus realidades cotidianas, sino que rompe los niveles y linderos del tiempo y les brinda a quienes son fieles la vida eterna, mediante el recurso extraordinario de la resurrección.

e. Adiciones deuterocanónicas o apócrifas a Daniel: 13.1–14.42

San Jerónimo, en su traducción de la Biblia (conocida como la Vulgata Latina), incorporó al final del libro canónico de Daniel tres historias adicionales de nuestro protagonista que no estaban en los manuscritos hebreos y arameos. Son esencialmente narraciones piadosas populares que tienen una finalidad educativa y edificante, similares a las que se encuentran en la primera sección de nuestro libro canónico (Daniel A).

Los relatos enfatizan la extraordinaria sabiduría de Daniel, y provienen de un manuscrito antiguo, escrito en griego, conocido como el Daniel de Teodosio. De estos relatos apócrifos o deuterocanónicos tenemos otra versión, un poco más breve, en la traducción griega conocida como la Septuaginta.

La primera narración (Dn 13.1-64) trata acerca de las falsas acusaciones de que es objeto una joven exiliada judía que no sucumbió ante los avances impropios y lascivos de dos ancianos de la comunidad. El tema fundamental es el encuentro entre la moral de la joven y la iniquidad de los agresores. La obra destaca la castidad, modestia y fidelidad de la heroína, frente a las vulgaridades y hostigamientos de sus detractores.

Las acusaciones falsas y calumniosas contra Susana (que significa Lirio) prosperan y es condenada. Sin embargo, su fidelidad a Dios propicia que Daniel confunda a los ancianos con su sabiduría y libere a la joven.

El segundo relato de esta sección adicional de Daniel (Dn 14.1-22) es como una brevísima novela de asuntos detectivescos. Es una sátira firme y fuerte contra la insensatez de la idolatría y la irracionalidad de los cultos paganos. La narración se ubica en el contexto histórico persa (c. 550 a. C.), en la corte de Ciro. Daniel una vez más pone de manifiesto su sabiduría extraordinaria.

La narración final de este ciclo (Dn 14.23-42) es una especie de variante del episodio de Daniel en el foso de los leones. En esta ocasión el énfasis es la crítica a los cultos paganos idolátricos. Finalmente Daniel destruye al dragón o serpiente sagrada adorada por los babilónicos.

Estas tres añadiduras al libro de Daniel no brindan nuevos argumentos teológicos o éticos a los relatos de la obra canónica. El objetivo fundamental de estos nuevos episodios es subrayar la sabiduría de Daniel y afirmar los valores de la fidelidad del pueblo de Dios en momentos de dificultades extremas y de crisis.

www.ingramcontent.com/pod-product-compliance
Lightning Source LLC
Chambersburg PA
CBHW071921290426
44110CB00013B/1436